静 进◎著

教授与你
面对面

儿童青少年心理健康科普读本

暨南大学出版社
JINAN UNIVERSITY PRESS

中国·广州

图书在版编目（CIP）数据

教授与你面对面：儿童青少年心理健康科普读本/静进著．—广州：暨南大学出版社，2020.11

ISBN 978 - 7 - 5668 - 2987 - 0

Ⅰ．①教…　Ⅱ．①静…　Ⅲ．①儿童—心理健康—健康教育　②青少年—心理健康—健康教育　Ⅳ．①G444

中国版本图书馆 CIP 数据核字（2020）第 186658 号

教授与你面对面——儿童青少年心理健康科普读本
JIAOSHOU YU NI MIANDUIMIAN ——ERTONG QINGSHAONIAN XINLI
JIANKANG KEPU DUBEN

著　者：静　进

出 版 人：张晋升
责任编辑：周玉宏　刘碧坚
责任校对：张学颖　陈皓琳
责任印制：汤慧君　周一丹

出版发行：暨南大学出版社（510630）
电　　话：总编室（8620）85221601
　　　　　营销部（8620）85225284　85228291　85228292　85226712
传　　真：（8620）85221583（办公室）　85223774（营销部）
网　　址：http：//www.jnupress.com
排　　版：广州市天河星辰文化发展部照排中心
印　　刷：广州市穗彩印务有限公司
开　　本：787mm×1092mm　1/16
印　　张：13
字　　数：225 千
版　　次：2020 年 11 月第 1 版
印　　次：2020 年 11 月第 1 次
定　　价：46.00 元

自 序

写这本科普读本，纯属偶然。一年前，被一位好事朋友拉着开了个微信公众号，于是"被迫"每周得提供一篇稿子。我倒是老老实实兑现承诺，尽量抽出闲暇时间，写起有关儿童青少年精神、心理健康方面的科普文章。这方面的知识，本就属于我的专业范畴，加上有30多年儿童发育行为门诊工作经验，遇到各种心理行为障碍儿童的案例颇为可观，写起来倒也不费劲。这一年多来，因学术活动频繁出差，在机场候机时成了最佳码字机会，积少成多，逐渐有了本书的最初轮廓。始料未及的是，公众号一年"圈粉"近三万，大都为基层儿科医生及"问题"儿童家长，后台咨询问题日渐爆棚，已无暇一一回应。

毋庸置疑，随着国家社会与经济飞速发展，人们的物质生活水平有了显著提高。但随之而来的是竞争加剧、生活压力增大、学习负荷加重、生活方式急速改变、人口流动加剧、网络发展势如洪流，这一系列的改变，对人们精神层面产生的冲击是史无前例的。也因此，人类疾病谱系发生了很大改变，精神（心理）疾患增多的趋势凸显，医学领域不得不改变原有单纯的生物医学模式及理念，以应对人群中越来越多见的精神（心理）疾病，但至今仍显得捉襟见肘，这是不争的事实。另外，公共卫生与临床医学面临的更大挑战是，儿童群体中，神经发育障碍发病率正在日益升高（如自闭症），而诊疗这些疾病相当棘手，甚至是束手无策。

作为弱势群体的儿童青少年首当其冲，面临着父母辈们童年时代从未遇到过的压力与挑战，其各种心理疾病的发病率也显著升高。加之，儿童不擅吐露和描述个人心理感受或精神痛苦，很多行为问题被掩盖或遭忽视，最终酿成更为严重的心理障碍。如今，网络数据显示，公众对了解心理卫生与心理健康方面知识之需求日趋迫切和高涨，人们竟然通过网络信息来给自己或是孩子"贴标签"和"诊断疾病"，我接诊的儿童家长中，事先"有病查百度"者还真是屡见不鲜。

鉴于上述社会需求，一方面为响应政府号召，作为专家学者，多做些对公众的科普宣传、普及工作；另一方面，受到出版社朋友的热情支持，我索性把前期公众号里发表的文章整理出来，汇成本读本。稿件整理得益于我的得意门生王馨博士的辛苦劳动，她是个聪慧的年轻人，悟性和执行力很强，亦有很丰富的发育行为儿科临床工作经验，感谢她出色而驾轻就熟地整理、汇总了本书初稿，为我减轻了不少编辑工作。

时逢今年遭遇新冠肺炎疫情暴发，人们都宅在家里"自我隔离"，于是有时间写了点相关内容的文章，加进了本读本中，以飨读者。

2020 年 3 月

目录
CONTENTS

第一章　教授与你面对面

——细说发育性障碍

解读自闭症

为什么自闭症儿童中男性居多

自闭症中的男女差别

众所周知，自闭症也就是孤独症谱系障碍（ASD），患者中男性居多，典型 ASD 的男女比例约为 4 比 1，而阿斯伯格综合征（Asperger's syndrome，AS）则男性更多，男女比例约为 11 比 1。是什么原因导致男性更容易罹患 ASD 呢？生命科学界一直不遗余力地探索研究，仍未弄清个中的奥秘。不过，神经发育障碍性疾病"喜欢"男性不仅限于 ASD，还有阅读障碍、品行障碍、语言发育落后、抽动障碍、特定性学习障碍等，这些疾病男性发病率普遍高于女性。纵使如此，ASD 的男女发病的差别则尤显突出和引人注目，特别是 AS。抛开流行病学调查不说，光是学校教师投诉的 AS 孩子、医生接诊的 ASD 患儿中，男性居多是不争的事实，即便是成人群体，因社交困难和情绪困扰而就医的患者中，不乏很多男性 AS 人士。

为探明其中奥秘，研究者们提出了各种推测、学说和理论，其中以英国的 Simon Baron-Cohen 教授提出的理论最为著名，即"极端男性化大脑理论"（EMB），意即大脑早期的发育与构造的分化，导致了男性更容易罹患 ASD。

孤独症谱系障碍儿童中男性居多是大脑的差异导致的吗

ASD 儿童大脑发育异常为很多研究所证实，大约 70% 以上的 ASD 患儿智力落后，5% 左右的具有特殊的或是孤立性的才能，也可能有很高的智商，他们在数学、拼写、绘画、音乐方面表现出不俗的天分，所以被称作 ASD 学者。不过 ASD 的智力结构极端异常和不平衡，这在男童身上表现更加明显，如我遇到的一个智商只有 60 的 ASD 男孩，他可以流利地复述过去几年中很多上市公司的名称，因为他平时特别喜欢盯看电脑里的股市行情图，几乎过目不忘。

Baron-Cohen 认为，之所以男孩更容易患 ASD，是因为他们在大脑的心理生理属性上更容易表现极端男性化，即在男孩身上，极轻微的异常就可导致"极端男性化脑发育"，而女性则需要更强、更大的异常才可表现出来。

他用此理论解释了不同性别的共情（empathy）能力，即女性比男性具有更强的共情能力，如更懂得同情和理解他人、能更敏锐察觉他人的心理活动、更具有同理心等；而男性的情商普遍较女性偏弱，却在系统性认知方面优于女性，如理解分析结构性和规则性系统方面优于女性，因此男性在数理统计、IT 行业、工程设计、时间知觉、逻辑推理方面通常强于女性，这也可从男女两性择业倾向和偏好看得出来。这种倾向在其他灵长类身上也有所表现，如雌性黑猩猩亲社会和帮助同伴的行为明显高于雄性。

Baron-Cohen 设计了一款共情商数（EQ）量表对大规模人群和 ASD 做了测评，结果发现女性得分普遍高于男性，一般男性得分高于 ASD；而在所谓的系统化商数（SQ）上则是 ASD 得分高于一般男性，男性则得分高于女性。Baron-Cohen 甚至说，即便不考虑性别差异，ASD 人士更倾向表现出极端的男性化认知特征，如 ASD 在镶嵌图形测验、直观物理测试、图形辨别测试上优于一般男性和女性。

其间接依据还来自正常男童大脑容积普遍大于女童，而 ASD 儿童幼年某个阶段确实会出现头围偏大现象，这在男童身上尤为明显。另外，研究发现 ASD 儿童控制情绪的中枢——杏仁核的早期发育也是大于正常儿童，ASD 容易出现情绪障碍和情绪爆发也与此有关。

目前 Baron-Cohen 的观点肯定了 ASD 儿童在认知、神经解剖和神经心理功能三个层面上表现出超男性化的特点。

胎儿期雄性激素水平异常是"罪魁祸首"吗

Baron-Cohen 用胎儿期睾酮（雄性激素）水平偏高而刺激大脑发育异常来解释 ASD 的发病。因为在很多啮齿类动物身上获得实验证明，早期睾酮水平对两性的行为、认知、脑结构以及功能产生不同影响。人类母孕期第 8 周起胎内睾酮水平就会出现第一次激增，出生后不久的新生儿则会出现第二次激增，到了青春期就会出现第三次激增；第一次激增的目的在于控制大脑的男性化，第三次激增则是青春期的开始。

胎儿期睾酮水平可通过母体羊水穿刺来做测定。Baron-Cohen 团队的研究发现，胎儿期羊水中的雄性激素水平确有很大的个体间差异，胎儿期睾酮水平过高后出生的 1 周岁幼儿眼神接触水平会下降，也会导致 4 ~ 6 岁儿童的亲社会行为与共情能力下降；而且，高的胎儿期睾酮水平与出生后 4 周岁儿童的狭隘兴趣以及 6 岁后儿童的极端系统化认知呈正相关，也就是说，胎儿期睾酮水平过高，出生后的孩子更倾向类似 ASD。过高的胎儿期睾酮，还会导致出生后儿童的大脑右侧颞顶叶、右脑眶额叶等区域的神经网络发育异常，这些神经发育异常恰恰也显现在 ASD 儿童身上。

静老师说

虽然 Baron-Cohen 的学说还不是有关 ASD 性别差异的终极结论，但他提出的观点以及实验依据还是具有一定的说服力的；因为他们团队的研究陆续证明了，高的胎儿期睾酮水平确实影响到出生后儿童的社交能力发展、语言发展、共情能力的高低、系统化认知与注意细节等功能，而且这方面存在着明显的男女性别差异，男童出现的水平与概率确实高于女童。我们拭目以待 Baron-Cohen 教授及其团队的后期研究成果，为解释 ASD 的性别差异提供更可靠的依据。

自闭症孩子看世界和我们一样吗

我的回答是自闭症（又叫孤独症）孩子感受世界与我们肯定不太一样。因为，他们的大脑和神经系统与生俱来发育异常，使得他们看到、听到、触摸到、嗅到的客观事物与我们所谓的正常人感受到的有很大区别。

我根据部分高功能自闭症人士撰写的自传，以及个人临床搜集的资料，总结出自闭症孩子体验现实社会的感受如下：

（1）周围常充斥着难以忍受的噪音和异味。

（2）对动物、他人恐怖，甚至对母亲恐怖。

（3）不可遏止地、刻板地遵循某种秩序。

（4）开始懂得数字和符号时内心世界发生巨变。

（5）被触摸时感到疼痛和害怕。

（6）与人对视时不知道要说什么，害怕看别人的眼睛。

（7）有节奏感和律动时感到特别欣快和幸福。

（8）喜欢凝视和数沙盘里的沙粒。

（9）对说出的话若不再重复则无法理解其意思。

（10）注意听对方的话时，就感到失去真实的个人存在。

（11）常陷于混沌嘈杂的环境里。

（12）身上总莫名地感到不适和疼痛。

（13）总试图通过自己的动作和行为阻断其他声音。

新加坡籍华人青年陈毅雄是一位高功能自闭症患者，他在自己的书里写道："不知为何，我总是难于面对现实环境，因此一生都要逃避它；我很难与别人交往，但会假装与常人无异；用怪异的动作行为引人注意，假装傲慢是我采用最多的处理方式；别人无论如何无法理解我，我更不懂他们的意思，因此感到孤立无援、愤怒、害怕和灰心丧气；我缺少社会活动和感官愉悦，常常生活在痛苦情景中。"他最终用不可思议的意志力走出了"孤独"，后来一直奔波致力于争取自闭症人士权益的活动中，他写的《自闭儿家长指南》很值得广大自闭症儿童家长和专业人士读一读。还有一本书值得推荐，那就是日本自闭症人士东田直树在童年时写的书《我想飞进天空》（中信出版社，2016），从他们的视角，我们可以感受到自闭症人士是如何看待现实世界的。

关于自闭症儿童的"世界观"还有其他的感受描述，这里不再一一列举。正是这种独特的感受，使得自闭症儿童不断逃避人际互动、逃避现实，不懂和不愿配合或服从指令，反而更容易沉迷于个人世界里寻求"安抚"或宁静；这些孩子特别不喜欢合群，他们宁愿长时间沉浸于个人游戏中，独自遨游于个人愉悦的境界或幻境里，那里没有噪音、没有恐惧、没有强制、没有他们必须遵循的规则，他们的认知"能量"可长驱直入输送到某些狭隘知识范围里，由此演绎出一些超凡脱俗的能力，如记忆、绘画、数字游戏、演算、微观世界的辨认等。不难看出，现实社会越来越趋于"结构化"和"规则化"，契约与规则无处不在，生活在现代化城市里的人们，会感到这种情况尤为明显。这些"文明"生活规则与契约恰恰使得自闭症孩子越来越难于理解和去适应，因为他们在认知上建立这种契约意识十分困难，他们有一套独特的"自闭症文化"，他们的内心世界对于我们这些自诩为"正常人"的人群是难以理解的。

遗憾的是，目前对自闭症还没有特异性治疗方法。因此，期望我们的整个社会可以用更宽阔的胸襟与爱心来理解自闭症孩子，尽可能多地探究和认识他们内心世界的奥秘，承认和接受他们的"文化"，帮助他们最大限度地融入当今社会。日本的"榉之乡"是20多年前由部分自闭症儿童家长建起的自闭症人士安养和就业的社区性设施，也是值得我们学习和借鉴的一种模式。

"优生学"阴影下的自闭症

优生学的由来与真相

优生学（eugenics）含义不难理解，也是个敏感而有争议的名词术语，负面评价更多，该词是1883年英国的高尔顿创造应用的。

20世纪初期，优生学曾被认为是一种致力通过遗传学技术和方法提高人类素质的社会运动，毋庸置疑英国是推动优生运动的急先锋。其最初的依据是对"智力低下人群"扩散的恐惧，担心智力低下阶层的生育速度高于高智能阶层。以至于，在第一次世界大战至第二次世界大战期间，优生学被欧美国家广泛追捧和提倡实施，其中美国、英国、加拿大和德国等国家实施得最广泛。

如优生政策最初是在20世纪初在美国得到实施贯彻的，最初基本上以消除"不合适"的种族和人群为目的，而且得到了国家、政府、机构和有影响力的个人的推动。20世纪20年代，美国有17个州将强制绝育合法化，这些措施获得了广泛支持，并使包括自闭症在内的很多智力残疾儿童及其家庭遭遇不幸。

其狂热的拥趸更是遍及欧美政府、学术界各领域，并且相继成立了人类优生研究所，实际在研究取向上披上了白人至上主义外衣，还颁布了各种优生政策，包括基因筛查、节育、促进差别出生率、婚姻限制、种族和精神病隔离、强制绝育、强迫堕胎等，以达到种族灭绝的最终目的；其极端形式为纳粹德国对犹太民族的清洗，同时大规模灭绝了精神和肢体残疾人士，包括发育障碍儿童。

在此期间，欧美托养机构里的儿童人数飙升，经济和社会负担的增加甚至使人们呼吁美国政府以绝育方式提出更明确的解决方案，并最终通过以强制安乐死的方式有系统地消除"不适宜生存者"。

"二战"后，世界各国陆续废弃了许多带有歧视性的优生学方法。不过，它的后患一直持续到20世纪70年代美国对黑人及其他有色人种的歧视与排斥，马丁·路德金的死并未真正消除美国的种族歧视，美国政府的排他政见和白人至上主义思想至今阴魂不散。

科学的进步或许改变了早先的优生学观点。但在过去，优生学更多是与绝育、非人道种族清洗和灭绝残障人士的政策与法规有关。

如今，随着基因组学和生殖技术的发展，优生学又引起部分研究人员的兴趣，人们试图通过基因组编辑技术进行基因选择，为了避嫌而冠以新优生学，或是自由优生学的名称，但同时也引起社会各界对伦理学方面的担忧。如当下的产前筛查、产前诊断实际上就是现代优生学的一种形式，通过它可以发现并终结发育异常的胎儿。

或许是迫于科学功利主义的驱动，或许是为满足生命科学的推进，2015年10月联合国国际生物伦理委员会声称：人类基因工程的伦理问题不应与20世纪优生学运动的伦理问题相混淆。

即便如此，这仍然存在对"人皆生而平等"的普世信念的挑战，不排除为新的歧视性观点的出台提供所谓的科学依据，同时优生政策可能导致遗传多样性的丧失。

自闭症的遭遇

20世纪初，优生学方法通过识别和分类个人及其家庭成员的体质，认为贫穷者、各类精神病患者、聋哑人、智力发育落后者、同性恋者和某些种族群体（如罗姆人和犹太人）为"堕落"或"不适合生存"者，对其进行隔离、制度化绝育、安乐死，甚至大规模谋杀。

汉斯·阿斯伯格（Hans Asperger, 1906—1980）是一名奥地利儿科医生，同时也是优生学家、医学理论家和医学教授。他以研究儿童精神障碍而闻名，一生撰写了300多篇德文论著，但除了在奥地利及德国获得过一些荣誉外，早先鲜为外界认识。直至过世后，他早期关于 Asperger 综合征的报道被译成英文，才在世界上获得了广泛声誉，并用他的名字命名了人们所熟悉的阿斯伯格综合征。其实在他之前，1926 年俄罗斯神经科学家 Grunya Sukhareva 就报道过类似病例，只是未被译成英文而遭到了忽视。

纳粹德国时期奥地利被纳入第三帝国，阿斯伯格 1938 年 10 月首次公开讲授"自闭症精神病"，他描述的 4 名儿童患者，具有特殊的知识结构和社会交往缺陷，故称作"小教授"。不可否认，阿斯伯格恰恰是描述人类神经多样性的先驱，他起初想通过促进自闭症的优点和良性特征的观点来抵制优生主义，他试图将自闭症与"不适宜生存者"区分开来，并强调阿斯伯格综合征是正常表现的连续体，而不是智力低下。

他讲演中提到："我们必须承认我们当中就有自闭症科学家，他们的笨拙和缺乏直觉使其像讽刺漫画人物一样让人熟悉，但他却能够在一个高度专业化的领域里取得非凡的成就。"

历史学家表明，当时医生们出于各种原因不得已与纳粹政权合作，包括个人利益和职业生存。奥地利的历史文献表明，与纳粹政权下的许多医生一样，阿斯伯格曾被派遣到残疾儿童诊所将患有严重智力残疾的儿童转诊给安乐死中心。

这段历史写实与当事人留下的启示是令人震撼和痛苦的，要承认在威权统治与人人自危的时期，即便是最有同情心和前瞻性思维的医生也存在道德上的脆弱性。

不妨做个对比，同时期的美国，"不正常"的孩子会给家庭带来极大的压力和耻辱感，医生和一些宣传会建议父母们把"不正常"的孩子送往福利院，以便更好地生活与照顾其他孩子，但这些孩子结局普遍十分悲惨。1942 年 7 月的《美国精神病学杂志》(*American Journal of Psychiatry*) 甚至发表了一篇措辞严谨的文章，要求对智障儿童实施安乐死。那时候，基本是将智力障碍（包括自闭症）的儿童送往精神病院，如果不放弃这些孩子，父母则需要面临巨大的压力，社会上的渲染认为这些孩子可能拖累整个家庭。

静老师说

> 非人道而残忍虐待或处置残障人士是我们人类自身历史发展的组成部分，有时是一种标志性的伤痛，如大规模的种族灭绝或清洗运动。时至今日，"二战"时期对残障人士的非人处置即使成了过往烟云，但借助优生学观点或是貌似科学研究为名的某些令人担忧的做法，仍然时不时可见。
>
> 我们回顾不久前发生过的，针对自闭症及其他"不正常"孩子的态度与做法，着实令人感到震惊和耻辱。回顾人类社会对自闭症的认知历史，也可一窥过去一个世纪我们对人性的认知变迁。所以，自闭症的历史就是一面镜子，让我们正视和接受人与人之间的不同，也可更加了解我们人类自己。

自闭症的发病与环境因素有关吗

不可否认，过去在"科技功利主义"驱使下，人们将大量人力、金钱与资源投到自闭症发病关联的遗传与分子生物学研究中，迄今仍未获得令人满意的结果，而对相关环境风险因素的探索研究的投入则少得可怜。例如，仅 2010 年，美国政府投资于自闭症遗传学方面研究的经费就达到 10 亿美元，而涉及环境因素的探索投入只有 4 000 万美元。

然而，美国的最近一项研究提出，环境因素对自闭症发病的影响十分值得关注，且有必要探明和发现潜在的风险及其针对性的干预途径；这项新研究检查了一百多种有害空气污染物对自闭症的诊断和疾病严重程度的潜在影响。参与研究的专家提出，空气污染可能是在过去十多年间发现的与自闭症相关的潜在环境风险因素中最为广泛的风险因素。就在 2018 年，加州大学的流行病学专家提出，在空气污染暴露水平较高的地区生活的人们当中，自闭症的发病风险更高，这些有害空气污染物包括金属、挥发性有机化合物和颗粒物等。

早在 1997 年，美国"自闭症之声（Autism Speaks）"组织就建立了一个自闭症遗传资源交换队列研究，其中采集了两千多名包括自闭症儿童及其家庭在内的基因数据。较有影响的研究就是，威斯康星大学的专家们从美国环境保护署（EPA）获得了至 2007 年间的相关空气污染物浓度的数据，并根据这些数据估算出了上述每个孩子出生时家庭住址附近的年平均空气污染物浓度。结果显示，暴露于其中六种有害污染物与自闭症发病风险显著相关，并且两种污染物与自闭症的严重程度关联密切，如其中的丙醛和甲基叔丁基醚（MTBE）这两种污染物与自闭症诊断有最强的关联性，这两种物质的暴露，分别增加自闭症发病风险 1.92 倍和 2.33 倍。丙醛是一种化石燃料燃烧的副产物，而 MTBE 是一种汽油添加剂，之前为了防爆作为四乙基铅的替代品而加入汽油中使用。2000 年以后，这类添加剂在欧美国家逐步遭淘汰，但目前仍有很多发展中国家在广泛使用。无论如何，这项研究的价值在于，它指明了与交通相关的空气污染物在自闭症发病和发病率递增中起着不可忽视的作用。另外，2014 年，加拿大科学家对出生于温哥华的一万多名儿童及其母亲进行了数年随访研究，并对最后确诊的自闭症儿童及其家庭和同期温哥华空气污染数据进行了分析。结果发现，母亲孕期接触 PM2.5 或二氧化氮空气污染物，增加孩子出生后患自闭症的风险分别为 1.04% 和 1.06%，接触氧化氮的孩子患自闭症风险为 1.07%。

还有一间接证据，长期暴露在 PM2.5 和 PM1.0 颗粒物中对人的大脑形成负面影响。美国一项对国内多个州的 16 000 人的调查显示，PM2.5 和 PM1.0 颗粒物的长期暴露对调查对象的大脑容积和认知能力产生了负面影响，即 PM2.5 暴露水平升高会使脑灰质体积降低，从而影响到人的认知功能。当然，这里不排除空气污染是通过脑血管或神经系统的炎症通路影响大脑结构与功能。

可以说，相当部分研究都提示，孕妇过多暴露于污染的大气中会导致胎儿大脑发育异常，从而产下自闭症儿童。我们大致可以推测，自闭症是遗传和环境因素共同作用下使得脑神经细胞发育异常和神经功能失调所导致的结果，神经元和大脑功能异常，既与遗传造成的基因突变有关，也可能是环境污染物导致关联的基因发生突变的连锁反应。

正如上述所言，相关研究证明了自闭症发病与环境污染存在较明显的关联，但还没有揭示环境污染物究竟是如何导致胚胎期的基因突变。我认为，想确定哪些空气污染物与自闭症发病有着关联或起到"扳机"作用，还存在着相当的难度和困惑。因为，纵览相关研究文献，所得结果并不太一致，甚至相互矛盾。而且空气污染物及其化学成分，因国家和地区不同，或是因季节不同而有所差别；如何界定和量化这些危险化学物质，进而较明晰地探明哪些高危险化合物诱发自闭症发病，更是有待时日；或许通过大数据的分析能察觉出某些风险模式的端倪。

因此提醒公众，需明白孕妇所处环境污染大，包括有待进一步证实的重金属、磁辐射、电离辐射、硫化物及酚类化合物等，有可能增加生产自闭症儿童的风险。家长们要了解相关科普知识，学会如何避免接触有毒、有害物质，并且尽可能保障母孕期避开污染的环境，加强环境卫生防护和劳动职业卫生防护等，都是值得去做的事情，更需要专业人员通过各种形式的健康教育来大力普及相关知识。

自闭症的疫苗之争

自20世纪80年代以来，自闭症发病率的报道不断攀升，由此也引发了很多争议，涉及范围包括流行病统计方法、发病率上升是否真实、遗传、环境因素、疫苗、神经多样性、诊断标准、疾病定性与智力残疾的吻合程度等不一而足，至今仍是学界争论不休的话题，甚至有观点认为不应将自闭症视为一种神经精神残疾，并引发了更多的社会与政治领域的辩论，相信这些争议仍会持续下去。

MMR 疫苗之争

1998年著名医学刊物《柳叶刀》上发表过一篇"Andrew Wakefield"杜撰数据的关于MMR疫苗（麻疹、腮腺炎和风疹）引发自闭症发病的论文，其轰动性伪证效应迅速扩及世界各国，致使许多父母在孩子出生后拒绝接种疫苗，使得成千上万的儿童处于感染疾患的危险境地，有些接种过疫苗的孩子的父母或是自闭症儿童的家长则不断向司法部门提出医疗赔偿诉讼。

为此，美国疾病预防控制中心（CDC）、美国国家科学院以及英国国家卫生服务中心等机构后续做了实证研究，都陆续得出MMR疫苗与自闭症发病之间没有关系的结论。因此2010年《柳叶刀》杂志撤回了那篇造假论文，该论文也被称为"近100年来最具破坏性的医学研究骗局"。

2009 年 2 月 12 日，在美国召集的一次法院特别听证会，审查了国家疫苗伤害赔偿计划，最终裁定：自闭症儿童的父母无权就某些疫苗引起孩子自闭症的说法而获得赔偿。

硫柳汞

硫柳汞是一种抗真菌防腐剂，早先在一些复合剂疫苗中少量使用，以防止疫苗污染。该制剂含有乙基汞，与神经毒性物质甲基汞有一定关联，但毒性显著低于甲基汞。尽管过去几十年一直在疫苗中得到安全使用，但公众的担忧和反对呼声以及相关运动还是促使美国 CDC 和美国儿科学会要求疫苗制造商根据预防原则从疫苗中去除了硫柳汞。

目前，除某些流感疫苗制剂外，所有欧美常用的疫苗都不含硫柳汞。根据 1997 年 FDA 现代化法案对硫柳汞在儿童疫苗中的用途进行了全面审查，结果发现除局部过敏反应外，压根没发现硫柳汞作为疫苗防腐剂会造成其他伤害的证据。尽管如此，2000 年始，美国的许多父母从联邦基金会寻求法律支持或医疗保险赔偿，认为硫柳汞会导致孩子患自闭症。

我也认为，硫柳汞导致自闭症的观点很难成立，因为自从儿童疫苗中去除了硫柳汞以后，自闭症的发病率仍然在飙升。的确，自那以后也没有公认的科学研究证明，暴露于硫柳汞可导致自闭症。

疫苗超载

这方面观点认为，一次接种过多的疫苗可能会使儿童免疫系统不堪负荷或功能减弱，导致不良反应，包括自闭症。

起端是，美国医生乔恩·波林的女儿汉娜·波林（Hannah Poling）于出生后第二年（2000 年）的某一天接受了五种疫苗注射（包括 MMR），结果孩子出现了退行性脑病（可能还合并其他病症），因此乔恩 2002 年 10 月 25 日向美国国家疫苗伤害赔偿计划提起诉讼和申请赔偿。2008 年 3 月，乔恩的起诉最终获胜，全家获得了 150 万美元赔偿，其女儿汉娜一生中会陆续获得 2 000 万美元的赔偿。

自该案件之后，疫苗超载观点变得很流行，确有若干病例研究报道与此很相似，这导致部分公众相信疫苗超负荷会导致自闭症。

然而，后续诸多研究表明，疫苗不会击垮人的免疫系统。事实是，保守估计，人的免疫系统可同时对数千种病毒做出免疫反应，而疫苗只占儿童在日常生活自然接触的病毒或病原体的极小一部分。相当多的科学研究支持以下观点：儿童接种疫苗，甚至同时接种多种疫苗，不会削弱免疫系统或损害整体免疫力；可以说，自闭症并不是免疫介导的疾病。

铝

目前虽已排除了疫苗所含汞化合物导致自闭症的推论，但一些抗疫苗积极分子又提出铝盐是导致自闭症发病的原因。

其依据是，含铝药制剂会引起阿尔茨海默病。但没有证据表明铝盐与自闭症发病有联系，倒是反疫苗接种活动家通常引用许多相关论文为据，声称它们之间存在着关联。然而，追溯其引用的文献，多为发表在盈利性开放期刊网站上，这些论文大都缺乏同行评议，只要交了版面费就可发表。主流学术刊物《无机物化学杂志》倒是主动撤回过一篇相关的报道。

名人效应

在美国，有些政界和演艺界名人也表达了自闭症与疫苗接种有关的观点，这些名人有：珍妮·麦卡锡（Jenny McCarthy）、克里斯汀·卡瓦拉瑞（Kristin Cavallari）、托尼·布拉克斯顿（Toni Braxton）、吉姆·卡里（Jim Carrey）和罗伯特·肯尼迪（Robert F. Kennedy, Jr.）等，甚至还包括美国总统特朗普。

如2015年9月在美国有线电视新闻网（CNN）举办的总统辩论中，特朗普声称他认识的一名2岁儿童因接种联合疫苗出现了发热，并发展为自闭症。

美国女演员珍妮·麦卡锡是该话题上最率直的名人之一，她一直称自己的儿子艾文（Evan）患有自闭症，是接种疫苗所致，并发起反对儿童接种疫苗的运动。珍妮·麦卡锡还为此写了一本畅销书《母亲勇士》（*Mother Warriors*），该书影响颇广。

母亲的养育冷漠和排斥会导致孩子患自闭症吗

"冰箱母亲"的由来

1943年，世界上首次报道自闭症病例的美国精神科医生里奥·坎纳

(Leo Kanner)在其论文中暗示，自闭症孩子与父母之间缺乏温暖的关联。进而，他在1949年发表的一篇论文中提到"自闭症发病可能与缺乏产后母亲关爱有关"的推论。他指出，自闭症的父亲很少参与孩子的互动游戏，并观察到这种儿童"从开始就遭受到父母的冷落……只不过机械地对孩子物质需求予以关注，孩子被置于无法解冻的冰箱里，他只在孤独中自我寻求安慰"，这是首次出现的"冰箱母亲"一词，且与自闭症的发病挂上了钩。

直至1950年，美国所有报道自闭症的案例几乎全出自坎纳，而未见到世界其他地区的临床医生证实过坎纳观点。

坎纳一度将自闭症与儿童精神分裂症相提并论，说自闭症发病在先，后来发展为精神分裂症。有意思的是，从目前一些文献追溯来看，的确有部分自闭症儿童青春期后发展为精神分裂症的报道。

到了20世纪50年代，芝加哥大学的心理学教授布鲁诺·贝特海姆(Bruno Bettelheim)则干脆表示：自闭症就是父母养育子女不当导致的障碍，认为是母亲的冷漠与养育排斥使得孩子患上自闭症，而且指出这种家庭的父亲要么缺位，要么软弱无助。他在影响甚广的专著《空城：婴儿自闭症和自我的诞生》中将"冰箱母亲"假说推至浪尖，书中他将自闭症比作集中营里的囚犯，集中营里囚犯的情况与造成自闭症和精神分裂症的条件间的不同在于，儿童从未获得发展其人格的机会（马国荣，2012）。的确，贝特海姆在"二战"时期有被关进集中营的经历，看来他用自身感受来描述自闭症，与此不无关系。

此后数十年中，由于自闭症的特殊症状与行为无法用任何生物学依据进行解释，贝特海姆及其他部分精神分析学派专家都支持自闭症是"冰箱母亲"的产物，孩子出生后就遭到冷漠对待与排斥，孩子被剥夺了心理与人格正常发展的机会，因此这些孩子与其父母隔离开来才会获得帮助。

其观点及理论在那个年代受到广泛认可，贝特海姆还当选了美国国家艺术与科学院院士，他的书也备受关注，他因此也成为自闭症研究领域首屈一指的人物，直至他去世。

不过，首次报道自闭症的坎纳似乎对自己最初的观点表示了某种担忧，如1969年美国自闭症协会大会上，他就"冰箱母亲"的观点提出：自出版的第一本书至最后一本，我从未使用过"先天"这种不确定的用词，我只是描述了这些父母的一些个人特点，但常被误解为是我说的"全是父母的错"（马国荣，2012）。

反对者的呼声

1964 年，心理学家 Bernard Rimland 出版了《婴儿自闭症：综合症及其对神经行为理论的启示》一书，书中他对"冰箱母亲"理论做了正面抨击，标志着"冰箱母亲"理论反驳意见的出现（马国荣，2012）。此后，反对和抵制"冰箱母亲"理论的观点和研究陡增起来，公众也异口同声地谴责和讨伐起"冰箱母亲"理论的谬误。

另一标志是，2002 年美国一家电影公司发行了一部纪录片《冰箱母亲》，该片讲述了 20 世纪 50 年代至 60 年代的部分美国母亲如何因"自己的养育失当导致孩子罹患自闭症"而遭受责难的经历。PBS 网站评价该纪录片时说道：尽管今天"冰箱母亲"被完全否定，但"冰箱母亲"的诊断却让成千上万自闭症儿童受到可疑的康复治疗，如与父母隔离。也使这些孩子的母亲经历了漫长的伤痛与噩梦。

我看过一些相关报道，发现"冰箱母亲"理论在美国已被广泛抛弃，但在欧洲仍然存在一些支持，甚至在韩国，"冰箱母亲"被认为是自闭症的主要原因之一。再如，美国精神病学家 Peter Breggin 于 1991 年出版发行的《有毒的精神病学》（*Toxic Psychaitry*）中声称：自闭症的心理成因理论被抛弃是由于父母组织的政治压力，而非出于科学原因。读了这些报道，真是莫衷一是啊……

现代观点

现代医学的共识是：自闭症具有显著的遗传学基础，但其遗传背景极为复杂，迄今尚未得到很好的解释。

眼下在自闭症的遗传和分子生物学方面，世界发达国家的研究投入是巨大的，当然也包括我们国家在内。此外，胎儿和婴儿期接触有毒、有害物质也被认为是引发自闭症的部分原因，只是不清楚哪些环境毒物如何起着诱发疾病的作用。

静老师说

　　不可否认，近来有些研究表明：父母对孩子的积极热情投入，称赞和与孩子保持亲密关系，对减少自闭症儿童青少年的问题行为有明显的帮助作用，而父母的不当应对方式和忽视逃避，与自闭症孩子的适应不良行为及其症状加重有关。

　　需说明的是，这些提法与"冰箱母亲"假说尚扯不上关系。

　　因为，有研究发现，自闭症儿童早期的依恋行为与对照组正常儿童并无显著性差异，至于早发的婴儿期自闭症典型行为症状则只能用疾病本质来解释，而非父母的养育行为所致。不过，婴幼儿过早、过频接触电子媒介导致的风险是显而易见的，因此强烈建议为人父母者，尽量避免孩子过早、过频接触电子媒介，同时控制父母回家只顾自己刷屏和玩游戏的习惯，回到家里关掉手机关掉电视，多与孩子玩耍互动才是正道。

自闭症儿童能解读他人心理吗

心灵解读的由来

　　早在 1978 年，Premack 和 Wooddruff 等进行了"黑猩猩是否具有心理理论"的研究，作者通过对圈养黑猩猩行为进行观察后，提出"猩猩们能够理解彼此的意图和想法吗?"的问题，由此提出了所谓的"心理理论"(Theory of Mind，简称 ToM，国内也有同理心、心灵解读之译)：意即灵长类或人类个体间相互探究对方的心理活动，将社交中对彼此理解、揣摩、掩饰、欺骗、同情、利他、信念等的能力命名为心灵解读，由此提出了著名的"黑猩猩是否拥有心理理论?"科学命题，引发了后续涉及社会心理、神经科学、自闭症、精神分裂症认知等的一系列深入而广泛的研究。

心灵解读及其脑机制

人类心灵解读是与生俱来的潜在能力，儿童随着成长会不断强化和发展这种能力，如出生后 72 小时就懂得模仿父母；6 个月婴儿就有了最初的社交能力，能跟随妈妈的眼神观看其他事物，往妈妈嘴里塞吃的，对妈妈的逗弄发出会心微笑；生命第 1 年的婴儿就有"心领神会"他人的能力；到了 1 岁半懂得别人的意图；3 岁儿童就已有揣摩对方意图的能力，或懂得"换位思考"。

著名心灵解读测验就是"错误信念测试"（也叫"莎莉和安妮测试"）：主试手持莎莉和安妮两个玩偶，另配有一个小篮子和一个小盒子，当着被测孩子面，让莎莉把一颗玻璃球放进篮子后离开；这时安妮走来从篮子里取出玻璃球转放入盒子里后离开；莎莉返回，主试问被测孩子"莎莉应该从哪里寻找玻璃球"，如果孩子回答从篮子里找，说明他知道莎莉是把玻璃球放在篮子里走开的，已理解第三者的心理活动和想法了。

后来许多类同研究发现，3 岁及以上正常儿童基本都能做出正确回答，甚至有些"唐宝"儿童也能正确回答。然而，包括有语言能力的 80% 以上自闭症儿童却无法通过测验，即便到了 7 岁以上仍无法正确回答，说明他们"虚假信念"理解能力低下，或无法理解第三者的心理活动，或无法做到"换位思考"，难以按社交一般规律预测出可能的行为结果。这种测试看似简单，却反映了儿童从什么时候开始理解第三者的心理状态，而这种能力恰是儿童社会认知或是社交功能的基础，是人际能力迅速发展的开始。1985 年以来的心灵解读研究普遍认为，自闭症儿童缺乏心灵解读能力，在理解他人信念的测试上显示困难，有语言能力的高功能自闭症儿童，这些困难仍存在，这种缺陷被视为自闭症的一个关键特征，或是其认知缺陷的神经心理基础。

脑研究发现，与人类虚假信念相关的脑区就是我们所说的"社会脑"，主要指大脑的内侧眶额叶、梭状回、扣带回、杏仁核和纹状体等在内的脑神经网络，其中包含很多"镜像神经元"，这些脑区在模仿他人时会被激活。当然，心灵解读的个体差异非常宽泛且有差异，正常人也存在很大差别。相关研究基本得到相同结果：自闭症人士的心灵解读能力则普遍存在缺陷，其上述脑区有明显的激活异常和功能缺陷。理论上，3 ~ 5 岁儿童心灵解读能力是按五个关键点依次发展起来的，即多样化欲望、多样化信念、知识获取、错误信念和掩饰情绪的顺序发展，不同国家或文化有些许差别，但大致相同。

如何理解心灵解读

可以肯定，正常儿童模仿他人的能力，取决于他的心灵解读能力和其他社交线索，其中包括共情和观点采择能力，就是说婴儿能够读懂妈妈或爸爸的眼神、表情、情绪，同时产生相同的情绪，并能够根据妈妈或爸爸的期望做出相应的反应（观点采择），譬如儿童想做某件事时，会回头看妈妈或爸爸的脸色而行事，9个月大的婴儿更喜欢观察由人手执行的动作，而不是用玩具或是无生命的手状物体所做行为。这种能力会随儿童语言的出现得到飞速发展，且很快会形成自我意识，如知道自己在小朋友群中扮演什么角色，自己大概是什么角色地位，这并非父母或教师"教"出来的。

我观察过幼儿园小朋友集体活动，有趣的是，他们角色定位很快就会自动显现出来，有的主动性、领导性很强，有的很有凝聚力，有的依从性很强，有的较受排斥，有的很孤立，有的很霸道等，他们在交往中形成的"角色地位"顷刻能反映出来，而自闭症儿童则极少融入团体活动，更喜欢在某个角落里独自玩耍或待着，他们解读他人表情、意图、情绪的能力很差，服从指令困难，或因恐惧交往而索性沉迷于个人世界里。

这说明具有较好的心灵解读能力的儿童，会表现出更高的社交技能，对新情况有更快的适应性，以及与其他同伴有更多的合作，因此，他们通常很受欢迎。不过我认为，具有较高心灵解读能力的孩子似乎更能察言观色，更懂得"计谋"或会"玩心眼"，在团体游戏中他们更能利用操纵、引诱或"欺骗"来获得同伴、友谊和支持。而心灵解读能力低的自闭症儿童自然不具备这些"心眼"，因此会遭到同龄人的拒绝、排斥，因为他们无法有效地沟通，无法换位思考。即便是正常儿童，团体排斥会对遭排斥儿童的发展形成负面影响，甚至能导致他们抗拒上幼儿园或学校，使他们更容易患上抑郁症。

静老师说

我觉得，心灵解读作为当下受学界追捧的理论，不过是个过程而已，它未必是放之四海皆适用的理论；追溯相关研究和文献，也发现很多引用的证据不足和相互矛盾的结论。自闭症的发病原因和机理非常复杂且费解，迄今没有哪种理论能够解释得清楚，达成学界共识更是困难。因此，把心灵解读作为研究自闭症儿童心理现象的一种学说或理论，利用其有价值成分为自闭症的康复训练提供点靠谱的依据已足显其珍贵了，如我国学者重庆第九人民医院的邵智医生就根据该理论研发了一套心灵解读康复训练方法，应用于自闭症治疗获得了不错的疗效。当然，不排除随着对自闭症研究的深入，学术界还会提出更多"抢眼"的理论或学说，但要真正揭开自闭症的心理奥秘，尚有很长的路要走。

自闭症孩子更容易受到伤害吗

是的，自闭症孩子无论是在身体方面，还是心理方面都比别的孩子更容易受到伤害。记得有位父亲领一位 10 岁男孩来看诊。该孩子看上去比同龄儿偏瘦小，眼神游离和飘忽不定，进诊室后旁若无人径直走到我桌前翻弄抽屉和笔筒，又走到电脑前一通敲击，然后自言自语地坐到一旁东张西望起来，问话不答或答非所问。我拉近孩子看到其手臂上有很多瘢痕，掀开衣裤发现其后背、臀部和大腿上也有很多新旧伤痕，显然是常年遭钝器击打或虐待所致。父亲主诉道："我们夫妻常年在广州打工。孩子在老家镇上上学，由爷爷奶奶照看，孩子自幼好动、不服管教，因爷爷脾气暴躁而经常被打骂，上学后情况每况愈下，不听课，课堂上擅自离席走动，不写或不交作业，违拗固执，时有攻击他人，经常遭教师和其他家长投诉，甚至被学校劝退。于是，孩子遭爷爷暴打成了常态。我回家看到情况如此，也会打骂惩罚他，但终因不见效而带到广州看医生。"经检查咨询，孩子显然符合阿斯伯格综合征（轻度自闭症）的诊断。遗憾的是不但家长对此不了解、闻所未闻，连当地医生也未做出过正确诊断，一直当其为教养不当所致的行为问题，其结果是孩子在粗暴惩罚和打骂中走到了这一步，着实令人痛心。

现实中，自闭症儿童遭遇类似情况并不少见，尤其是经济欠发达地区，他们得不到及时诊断和治疗，养育者也缺乏相关知识和就医意识，个别家长会简单粗暴惩罚或虐待自闭症儿童。依我估计，我国广大农村及中西部地区延迟就医、误诊和耽误矫治的自闭症儿童为数并不少。

值得呼吁的是，自闭症儿童的不良境遇是全社会应关注和警示的，他们确实比其他儿童更容易遭受伤害和忽视：一是他们缺乏自我保护意识，容易走失，自伤自残，遭到意外伤害，遭受诱拐、猥亵或性侵犯；二是他们的感知觉有特殊的感受性，容易"放大"环境、自身的某些刺激或遭遇，引起恐惧、愤怒、焦虑或抑郁，甚至出现创伤后应激障碍（PTSD）；三是他们在团体中容易遭受排斥或欺侮，甚至虐待，因而造成生理和心理伤害；四是他们也会受到某些养育者（父母或教师）的排斥或虐待，这方面更具有隐匿性，常常不为人所知。糟糕的情况还在于，自闭症儿童不会向他人叙述、表达和描述个人遭遇。

自闭症的刻板行为与强迫症是一回事吗

人类进化史大约可追溯到五百万年前。几百万年来，我们的祖先过的基本是狩猎、采集、迁徙、食不果腹和茹毛饮血的生活。而开始群居式农耕和养畜生活方式不过九千年左右，开始用文字符号大约在六千年前，进入工业化和后工业时代我们只走了两百多年，信息化时代则充其量也就是40年。

追求现代化生活方式，使得人们生活在时间和空间不断被压缩的境遇中，如社会分工日趋细化，生活方式规则化与结构化日益凸显，城市化生活必然催生更多的规则和行为限定，同时不断强化每个个体的契约意识与时间概念。社会文明进步是有代价的，飞速发展的现代化时代就是个"强迫的时代"和"焦虑的时代"，身处这个时代的每个人都不可能"鱼和熊掌兼得"，我们的孩子也是在这种环境中成长的。因此，人类疾病谱系不断发生改变，从儿童到成人出现的各种以情绪和心理障碍为特征的疾病显著增多。一项权威报道称，目前 3～15 岁儿童中强迫症的发病率在

2%~5%间，病程从半年到 14 年不等，但该报告并未说明是否包括自闭症。

西方学界观点认为，强迫症是人类进化过程中为应付环境淘汰压力而形成的不可控制的掩饰性行为，其神经学基础位于大脑基底核。这么说来，人的刻板行为和强迫行为与焦虑和恐惧有着密切关系。有趣的是，西方文献报道，强迫症与父母的刻板养育和某些宗教信仰的仪式有着密切关联，如担心违背神的旨意而强迫性祈祷或赎罪信念，很容易形成顽固的强迫观念；此外，刻板养育方式的父母不排除其自身具有人格方面的问题，如偏执或强迫性人格障碍等。现今社会，养育儿童的清规戒律、道德规则无处不在，高度结构化的社会生活方式对自闭症儿童来讲，无疑是巨大的适应压力和不堪的生存挑战。

先谈谈自闭症的刻板行为与强迫症吧，两者到底是不是一回事，或是否有共同的生物学基础呢？按美国权威的 DSM-5 诊断标准，是否为自闭症主要靠症状来判断，基本依据是"持续的社交障碍与重复刻板行为"两个维度及对症状的补充描述。但是，我的门诊所遇到的自闭症儿童的表现则远不止于此。

2018 年《柳叶刀》杂志报道，自闭症儿童同样容易受各种形式的焦虑影响，包括社交焦虑、广泛焦虑障碍、分离焦虑、强迫和恐惧症等；焦虑和抑郁在言语流利的自闭症中更常见和更显著；易怒和攻击在自闭症中更为常见，并且具有从轻到重的不同形式，如口头攻击至身体暴力。强迫行为则在高功能自闭症青春期以后逐渐凸显出来，除了残留原有刻板行为外，也可出现强迫清洗和不洁恐怖。

自闭症的刻板行为主要是重复性动作频繁而多样，如拍打手、摇晃身体、开关门、开关电器、开关水龙头等不一而足；刻板行为的其他表现可泛化为：①固执而拒绝改变，如坚持物品某种摆放形式、拒绝被打断；②仪式样行为，日常活动固化，如不变饮食及穿衣；③关注狭隘，固定方式异常关注某物，如电视节目、玩具或游戏；④自伤行为，如戳眼睛、挠自己、打自己、撞头、敲脑袋等。自闭症为什么会有限制性行为或刻板行为呢？这类表现为何与强迫症的表现十分类似呢？我认为，两者显然有着内在联系。不难观察到，当自闭症儿童情绪不良时，其刻板行为或强迫行为就会增多起来。他们陷入耗时的强迫行为是旨在减少焦虑或不适感，不得不反复执行规则行为，如将物体按特定顺序摆放、洗手、检查等，这些表现十分类似强迫症，其本质还是为适应环境的自我调节机制，旨在使自己平静下来而已。可以推断，强迫症是自闭症的合并症之一，或是其刻板行为与强迫行为是共存的，而且这些症状相混在一起，有时很难把它们区分开来。

自闭症的刻板行为亦可表现为执迷性和冲动性，有时两者皆有，其内在思维会给当事儿童带来很大的紧张状态和压力，且极难回避它的负面影响。有时，高功能自闭症的刻板行为更像是个人执迷的兴趣和爱好使然，他们觉得只有那样做了才能排除内心的紧张和焦虑，或是通过执迷行为来屏蔽环境刺激，如逃避噪音、训斥、光刺激、他人及强制性训练等。脑功能成像研究发现，与自闭症的刻板行为或强迫行为关联的神经基础主要涉及运动皮层，背外侧前额叶、外侧眶额叶与前扣带回等脑区，其通路紊乱会导致相关的异常行为。

如今既然"鱼和熊掌难以兼得"，那么如何应对自闭症儿童的刻板行为或强迫行为呢？当然，缓解和消除构成其焦虑与恐惧的原因是主要原则：首先，父母应该消除个人的过度关注与焦虑，父母态度的潜移默化投射作用极强，易陷入亲子不良情绪相互影响的恶性循环中。其次，探寻和弄明白孩子刻板行为的潜在原因，予以减缓和消除，如"自闭症孩子看世界和我们一样吗"文内提到的方法可复温。如果孩子的一些重复刻板行为没什么不恰当，没有影响到其日常生活和基本社交活动，大可不必纠结和执意去干预。

对于影响到自闭症儿童日常生活的刻板行为或强迫症，尤其是青春期后合并时，应予药物治疗。研究表明，自闭症经过药物治疗后40% ~60%的儿童的刻板行为或强迫行为得到缓解和改善，药物主要有利培酮、阿立哌唑或选择性五羟色胺再摄取抑制剂（ SSRI ）等。当然，同时须实施其他针对性的康复教育手段。促进睡眠质量是缓解自闭症儿童情绪的有效方法之一，通过合适方式提高自闭症儿童的睡眠质量尤为重要，尤其是年幼儿童。

自闭症儿童有帮助他人的意识和行为吗

助人行为也叫利他行为，一般是指自己付出代价而使他人获利的亲社会行为。研究显示，利他行为在自然界动物中普遍存在，哺乳类和灵长类帮助同类的行为更明显，且有遗传和模仿习得的双重特点。助人或利他也是人类的本能行为，它在人类漫长进化过程中逐渐得到强化和升华，因此有了相应的生物学基础和遗传特性。

就人类而言，利他行为是人在自然选择压力下，为适应群体生活而逐渐形成的自然策略。可以说，人类文明史就是群体间"分工合作"发展的结果，合作的本质就是人与人之间的彼此理解与利他行为的驱动，这种行为包含通过利他而最终达到个人获利的潜意识动机，即便不是眼前获利。因此，任何社会文化群体中，即使面对非血缘/亲属他人或是需要个人付出代价/牺牲时，人仍会显示较强的亲社会利他行为和惩罚反社会行为的趋向。

观察发现，儿童社会化过程中自幼就会表现出利他意识和利他行为，例如，对母亲逗弄的回笑、往妈妈嘴里塞吃的、看到其他小孩哭泣会跟着难受或哭泣、帮陌生人开门、帮爸爸拿拖鞋或报纸等；3 岁及以上儿童的利他意识就会显现复杂的社会认知成分，且会受到自我意识和自我奖赏的影响，也会受家庭教养的影响。利他行为或亲社会行为甚至与人的社会地位存在正相关，高社会地位个体的利他行为更为多见。

由此引发的一个有趣的问题是"自闭症儿童是否有利他意识或利他行为呢？"例如，他们在想要帮助人的情景下会采取怎样的行为呢。我曾看到过一名 8 岁轻度自闭症儿童由母亲牵着经过乞讨者前面时，孩子伸手投一枚硬币，随即走开，其动作显得很不自然，既不盯视乞讨者，也不在乎乞讨者有何反应；后来孩子母亲告诉我，每次经过这位乞讨者面前时，孩子一定向她要一枚硬币投给乞讨者，母亲告知其没必要每次都给，但是无法制止孩子的投币行为。我不禁自问，这是自闭症孩子的利他行为吗，他能意识到乞讨者的需求吗，每次投币是他同情乞讨者还是重复刻板行为呢。解答这个问题尚很困难，因为我们无法理解自闭症孩子投币时的动机和想法是什么。

从查阅文献来看，关于自闭症患者利他行为的研究并不多见。不过，有限的研究显示：自闭症儿童的利他行为决策能力确实发展异常和落后，他们在团体中缺乏互惠行为，即使有他人引导，其利他动机也很脆弱。有些高功能自闭症儿童虽然能明白他人的目的和意图，在提示下能够提供简单的帮助，但很难与他人完成合作任务。自闭症成人在行捐款决策和行为时，并不在乎旁人如何反应，即他们对名誉效应并不敏感。我的学生在实验中发现，自闭症儿童在利他实验范式上确实显现出较独特的采择动机和异常表现，他们的分享行为低于普通同龄儿童；在脑干诱发电位实验中表现，与某些认知关联的波形振幅更高、潜伏期更长，提示自闭症儿童利他行为的决策神经加工过程异常。但这种表现究竟是自闭症儿童认知缺陷的结果，还是他们缺乏共情能力所致，目前还不清楚。

静老师说

　　我认为，关于自闭症儿童的利他行为研究，或许能为其认知缺陷探索到某些神经学病因，并有可能通过利他行为的训练来改善或提升他们的亲社会行为。我们拭目以待这方面新的研究进展和启示。

自闭症孩子的饮食行为异常及对策

奇特的偏食行为

　　众所周知，几乎大部分孤独症谱系障碍儿童（自闭症）合并有极端偏食行为，典型自闭症尤其明显。偏食不但影响自闭症孩子的营养摄取和发育，还可加重其他相关的行为问题，因此，当今自闭症治疗中也特别关注他们的异常饮食行为。

　　很多自闭症儿童会表现出多种饮食行为异常，同时伴有消化不良、肠胃疼痛、极端偏食、拒绝多种食物等症状。这些特征在其发育早期显现出来，不仅影响自闭症儿童的营养状况及体格发育，也使父母陷入养育焦虑和束手无策的境地，有的干脆姑息和放任其饮食偏好。

　　譬如，我接诊过的许多自闭症儿童母亲就描述过，患儿自幼吸吮母奶无力，拒奶，喂食困难，寻觅食物缺乏主动，吃饭速度过慢。较少吃水果、甜食和碳酸饮料等，只吃白米稀饭，喜欢稀软食物，咀嚼无力、囫囵吞下。

　　自闭症的偏食表现大致有如下特点：对食物具有明显而强烈的偏食

性，他们对某些食物种类、性状、质地异常执着地偏好，而对另一些食物则极度抗拒，如他们大多偏爱米饭、面食、奶类、冷饮、膨化食品等，但不喜欢肉类、蔬菜、水果等。有些自闭症孩子只吃素不吃荤，有的只吃面条拒吃其他食物，有的只吃深颜色蔬菜，有的每天只吃一种蔬菜。自闭症儿童能够接受约 2/3 的谷物类食物，以及大约一半的其他类型食物，并且他们对食物的摆放、器皿及温度等也格外在意。

正是这些异常的饮食行为，会导致自闭症孩子营养失衡和营养不良。营养跟不上也会影响他们的情绪，甚至体力下降，活动动力不足，不配合康复训练，容易长时间躺卧、发懒。

奇怪的是，自闭症孩子到了青春期或成年期后反而容易出现贪食与肥胖，而且喜欢吃高能量食物，这会导致他们罹患高脂血症、高血压和糖尿病等，也会出现龋齿、牙龈（周）炎、口腔溃疡等问题。对此的解释是，自闭症孩子到了青春期会合并各种情绪障碍以至出现更强烈的压力感，因此他们通过贪食来缓解焦虑和不适感。的确，贪食症患者会因焦虑和抑郁而吃得多，并且体重迅速增加，同样会合并糖尿病、高血压、社交回避等疾病。

饮食行为异常是什么原因呢

自闭症的饮食行为异常可能有如下原因：

（1）胃肠道菌群失调：有研究认为，极端偏食可能与自闭症儿童肠道菌群失调、食物过敏以及肠道消化酶水平低下有关。随着"脑肠轴（brain-gut-axis）"研究趋热，发现自闭症孩子及其兄弟姐妹肠道拟杆菌门与厚壁菌门的比例均显著降低，他们肠道的乳酸菌和脱硫弧菌含量增加，并且还发现自闭症的重复刻板行为的严重程度与脱硫弧菌含量成正相关，甚至认为，自闭症孩子肠道内的微生态失调，使得肠道菌群失调，所检出的细菌可能成为自闭症发病的生物学标志物之一。

（2）视觉、嗅觉和味觉感知觉异常：这可导致自闭症孩子排斥很多种类食物，这与他们因对某些环境刺激敏感而采取的逃避行为相似，由于感知觉不适而偏食或拒食。

（3）肠胃功能异常所致：确实很多自闭症孩子伴有肠胃功能不良或食物过敏，由于感觉异常会使他们放大肠胃不适感，因此拒绝吃多种食物，容易出现便秘或腹泻，这也会加重其偏食或拒食行为。

（4）食物过敏：早先有观点认为，自闭症对面筋、麦麸和酪蛋白过敏，于是很多家长限制自闭症孩子吃含有这些成分的食物，但这种观点迄今缺乏科学依据。

（5）行为上的固执：自闭症孩子倾向在熟悉的、固定的时间和地点就餐，而且对餐具及其颜色、摆放方式有着偏执要求，对食物温度敏感，一旦改变则表现拒食或偏食。

怎么应对饮食行为异常呢

（1）尽可能保持孩子相对固定的时间、地点、熟悉的区域、熟悉的餐具就餐，逐渐做适应性过渡和脱敏；就餐时保持安静、避免周遭噪音和强光、勿看电视和用手机等；就餐时勿催、勿急；大人不要主动喂食，应鼓励孩子多咀嚼。

（2）可将孩子不喜欢吃的蔬菜、肉类、鸡蛋等做成碎泥状混入米饭或粥里吃，水果也可去皮切成碎丁状吃。孩子如不排斥，可考虑给之服食多种/复合维生素类保健品，但不建议单独使用维生素 C 补充剂，因维生素 C 有时可导致肠胃不适；口服维生素 B12 和锌制剂的科学依据尚不明确，应慎用。

（3）口服益生菌类保健品可能有益。据说，益生菌能够通过产生黏蛋白加强肠道屏障、平衡肠道菌群、产生消化酶并调节免疫反应，也没发现什么副作用。比起限制性饮食，益生菌疗法可能增加肠道菌群多样性，或许是一种适合的替代疗法。

（4）适当服用含有 ω－3 的多不饱和脂肪酸（深海鱼油），虽然其依据还是很有限，但至少没什么副作用。

（5）有观点称限制麦麸和酪蛋白饮食可能对治疗自闭症有帮助，但其依据并不充分。2008 年，国外的一项研究发现，长期无酪蛋白饮食的自闭症孩子骨骼发育不良，这可能与这种饮食导致的钙和维生素 D 缺乏有关。

（6）有报道称，强化睡眠和户外运动，竟然也可使自闭症孩子的食欲增加，因此家长需强化孩子的睡眠和户外运动，这也有助于控制自闭症孩子的不良情绪。

自闭症康复机构应如何设置

多年来，我参观过不少国内外的自闭症康复机构，可谓良莠不齐、优劣障目，盲点瑕疵不少，概括起来有如下五点：

一是机构内部装饰过分花哨，走廊、教室、楼梯、过道等的墙壁、地面上涂得五颜六色，画上很多看似"可爱"，实则是艳丽、俗套、多余的卡通画，如各种动植物、蓝天白云、高楼田野、红旗口号、儿童嬉闹画面等，构成了令人眩晕的视觉刺激。这些都是机构按普通人的理解和价值取向来设计的，认为儿童世界就应该是充满童话、友爱、美好、艳丽、光鲜等，殊不知这对自闭症儿童恰恰是不太适合的，教育培训环境的视听刺激过多会影响教学效果，也会令自闭症儿童产生不安。大量研究表明，过多视听刺激会让自闭症儿童感到不适和不知所措，甚至引起厌恶、恐怖和逃避。

二是教室或个训室内堆积了太多教具、杂物、电器、桌椅板凳等，墙上再添些绘画，即便是正常人也会感到拥挤压抑。教室里堆积过多东西，不但会分散自闭症儿童的注意力，也会使他们产生莫名恐惧。试想，注意力分散和情绪不良状态下，这些孩子怎么可能配合教师的指令和训练呢。有些伴有"幽闭恐怖"的自闭症孩子更是无法忍受拥挤狭小的空间和满目物品的刺激。

三是机构环境过分嘈杂，噪音刺耳。例如，机构早晨、午间、下课或课间时，大喇叭不停高频播放儿歌、音乐（且多是快节拍的音乐），或各类通告等，使得机构喧闹沸腾、热闹非凡。有些感觉统合训练室、大课室同时训练多个孩子时，同样播放各种节拍不等的背景音乐，教师的大声指令加上孩子们的喊叫声和哭声，构成极大的噪音刺激，加上堆放过多的训练器械与物品，同样会引起自闭症孩子的不良感受和不良情绪。

四是教具和灯具等不太符合教学卫生标准。如老式日光灯、不合规的LED灯、过亮刺眼的灯光和视频终端、五颜六色的桌椅板凳等，都可能成为不适合于自闭症孩子的视听刺激，以至孩子们无法静下心来配合和服从训练。

五是国内自闭症康复机构大都缺乏户外操场，使得自闭症孩子得不到很好的户外运动和游戏。运动和游戏是儿童的本能行为，在阳光沐浴的户外操场上无拘无束地运动，同样会激发自闭症孩子的兴趣与愉悦感，有助于安抚他们的情绪，且会提高他们观察、模仿、合作游戏的能力。研究表明，维生素 D 不足和缺乏可能是引起自闭症的环境因素之一，因此，户外阳光下适当运动和游戏对于自闭症儿童来说特别重要，因为这是获得维生素 D 的重要途径。必须强调的是，户外运动和游戏是自闭症儿童康复训练不可或缺的组成部分。

因此，建议自闭症康复机构不应按普通幼儿园或小学那样"花里胡哨"地去设置，尽可能颜色单一，控制、减少和消除无关视听刺激，隔板、窗户的隔音做到更好。地板墙壁尽可能用自然材料和自然颜色（较理想的是自然条纹的木板质地），教室和走道地板呈淡蓝色（易使人心情安宁），墙壁呈淡黄色（暖色容易平复焦躁），光线照度适合且柔和。教室内更需要注意细节，使授课指令信号与训练目的之间构成简单、单一的联系，尽可能减少或去掉无关刺激，如过多物品、背景声音、嘈杂环境、刺眼光线、墙壁绘画等，桌椅板凳颜色尽可能单一（当然自然木质的更好）、棱角圆润，其高度、靠背要适合，孩子坐姿舒适时更乐意配合教师，这种理念也可延用到家庭教育环境里。

静老师说 ♥ ♥

总而言之，我一直强调，无论是机构、教师或是家长，都要学会和懂得随时还给自闭症孩子更多的宁静时空与自然环境。自闭症孩子的情绪平复时更容易服从指令，配合教学与训练。

❓ 自闭症研究和治疗中存在的困惑与争议

自闭症可以说成了当前一类危害儿童健康的公共卫生问题，医学上仍未弄清它的发病原因和机理，也缺乏针对性的治疗方法。典型自闭症儿童的终生致残率很高，即使早期诊断和康复，"投入与产出"很不成比例，康复效果也因人而异。大多自闭症人士一生都会面临各种问题与挑战，如青春期和成年后的教育、康复、职业培训、就业、婚姻以及融入社会等方面并不会一帆风顺。

迄今，关于自闭症的研究存在以下几个方面的困惑和争议：

其一是自闭症发病率是否真的在递增的困惑。若把自闭症研究历史尺度拉长来看，世界各国报道的数据不断增长是个不争的事实。早在 1943 年，首次报道自闭症的儿童精神科医士 Kanner 曾预言："这是一种以往未报道过的独特病症，看似很罕见，但实际发病率可能高得多。"然而，早先医学界一直认为自闭症是一种罕见病，20 世纪 60 至 90 年代末的流行病学调查在万分之三或五之间。到了 21 世纪，很多国家一直都以美国的数据作为依据来报道自闭症的发病率，不断递增，大有看齐美国的趋势。美国疾病控制与预防中心（CDC）报道，21 世纪头 10 年每 110 名美国儿童中就有 1 人患自闭症，其后每年的发病率数据不断攀升，至 2018 年的报道则达到了惊人的 1/59。自闭症发病率到底有没有种族（人种）差异呢，还真不好说，因为还缺乏具有说服力的跨文化数据；至少到 2017 年，欧洲各国自闭症诊断率在 0.6% 左右，都远远低于美国的数据。

是什么原因导致自闭症发病率不断飙升？不难看出，部分原因是全社会对它关注度的提高，尤其是网络传播作用和健康教育的推进，使公众可以多途径了解自闭症，家长带着年幼儿童看医生的频率显著增多，加上父母放下"病耻感"而勇敢面对病症时，自然提升了自闭症的就诊率。此外，按美国最新的诊断标准，界定自闭症的范围也有放宽的倾向，所谓"谱系障碍"中自然纳入了更多病例。美国 CDC 专家报告，2000—2012 年，重型自闭症人数并没增多，但是轻度患者数目则大为增加，有自圆其说之嫌。另外，以往误诊和漏诊的自闭症被重新认识，如被判断为智力落后、幼儿痴呆、多动症等很可能符合现下的自闭症。不排除某些未知的环境因素可能起着某种"诱畸"作用，诱发了自闭症。

过去 20 年间，自闭症诊断的 1/4 可归结为"诊断性增长"，即过去被诊断为智力低下、语言障碍、多动症，如今却被确诊为自闭症。估计另有 1/4 的增长可能与公众对自闭症认识和关注的提高有关，即更多家长和儿科医生开始了解自闭症。此外，社会环境急速变化带来的影响，如晚婚晚育和环境污染、父母高龄生孩子等显然也提高了自闭症的发病率。

其二是自闭症遗传方面的困惑。自有自闭症报道以来，关于其病因的争论就未停止过。目前认为自闭症并不是单一病因所致，研究强调遗传因素在发病上起着主导作用，如同卵双胞胎共患自闭症概率极高，同胞发病也占到10%左右，甚至更高。这些年，关于自闭症基因测序的研究可谓浩如烟海，据称多达300至1 000多个基因变异与自闭症发病有关，说明其发病是多基因共同作用的结果。不可否认，自闭症仍靠症状来诊断，因此从症状特征进行的基因分型研究，其重复性就很差，且有的结果相互矛盾。研究还发现，该病有相当部分与精神分裂症、双向障碍、人格障碍等精神病有着共同的基因变异基础，因此有些自闭症到了青春期和成年期后可转变为更严重的精神疾病。从文献来看，遗传研究为自闭症病因提供了浩如烟海的信息，但距最终揭示致病之谜，用基因手段进行早期筛查诊断并开发新的药物治疗的有效途径，还有很长的路要走，而导致自闭症的致病染色体和候选基因太庞杂，矛盾性结论不少，攻坚仍有许多难越的沟壑。可以说，遗传学与神经科学已发现一些相关的风险模式，但还不具有太多实用性。

另外，母亲教养过程中的冷漠和过分形式化造成自闭症的观点虽遭否定，但不排除所谓"冰箱母亲"本身可能就存在自闭特质，早期母子依恋不当，也可能诱发或加重自闭症的病症。因为基因的表观遗传还受环境刺激影响，同样会扰乱幼儿大脑发育和其他组织的正常功能。

其三是自闭症治疗带来的困惑。目前流行的各种治疗方法良莠不齐，哪种方法都无法真正"治愈"自闭症，大多是最大限度发挥患儿的潜能，帮助患儿及其家庭更有效地应对自闭症。如在美国，很多自闭症儿童接受各种所谓"替代疗法"，但这些方法缺乏循证依据或安全测试，费用不但昂贵，有些甚至有害。美国每个自闭症儿童每年花费于各种行为治疗和康复训练的费用平均为4万~6万美元；仅2015年自闭症造成的经济负担就高达268亿美元，预计到2025年将达到461亿美元，占其总GDP的1%~3.6%。同样，在我国每年有数十万家长渴望能找到任何可能的治疗方法来缓解自闭症孩子的症状，一些未经检验和价格不菲的疗法大行其道，结果看来也不乐观。

曾有报道，自闭症儿童因胃肠疾病接受分泌素（secretin）治疗后，其眼神交流、灵活性以及语言表达得到改善，以至于这种分泌素在美国一时变得炙手可热。然而，后来若干重复试验并未表明分泌素有任何疗效。螯合剂被认为可将体内铅、汞等重金属转化为无活性的化合物由尿排出，曾用于自闭症治疗。但是，螯合剂可能导致肾功能衰竭，而美国官方报道螯合剂对于治疗自闭症没有明显疗效。一个独立的医疗评估组织 Cochrane 协作网对无酪蛋白和无谷蛋白饮食作用做了评估，结果发现观察组自闭症儿童的注意功能、睡眠、行为特征没有任何改变。还有报道称，具有强迫刻板行为和自伤的自闭症儿童服用含有 Omega－3，主要成分二十二碳六烯酸（DHA）和二十碳五烯酸（EPA）的鱼油后，攻击行为得到缓解，然而后续研究认为该类保健品对自闭症没什么效果。研究还表明，自闭症儿童吸入催产素后辨认人物面孔图像的成绩有所提高，催产素确有增进母性行为和亲社会性的作用。但是，从这些研究得出催产素可以缓解自闭症的核心症状的结论为时尚早。

　　一些未经证实的疗法也延伸到药物，如醋酸亮丙瑞林（Lupron，具有抑制睾酮和雌激素合成作用）、降糖药安可妥（Actos）和静脉注射免疫球蛋白 G 被用来治疗自闭症，但这些药均有不同程度的副作用，对自闭症的疗效和安全性并未得到充分检测。利培酮和阿立哌唑是新型抗精神病药，目前较多用于自闭症治疗，可改善患儿情绪不稳、易激惹、自伤、攻击、多动等行为，长期服用药物耐受性较好，主要不良反应为体重增加、食欲增加、困倦等。抗抑郁药中选择性五羟色胺再摄取抑制剂（如氟伏沙明）可减少患儿重复行为，减缓情绪抑郁，减少自伤和攻击行为，促进社交，改善目光对视等，但这些药物的长期效应究竟如何仍不清楚。

　　当下流行的各类康复训练法，如人际关系发展干预（RDI）、结构化教学（TEACCH）、应用行为分析（ABA）、地板时间疗法、图片互换法、感觉统合训练等虽然有一定疗效，但投入与"产出"效益十分不成比例，疗效判定的可靠性并不理想，康复中若刻板而照本宣科式的运用，其效果更是大打折扣（王波，2013）。我认为，过频过强的刻板训练，一味建构"正常行为"的做法会让一些自闭症儿童产生绝望和厌恶的情绪，而这种负性情绪会贯穿他们的一生。因此，矫治训练应遵循个体化原则，有机灵活融合使用各种方法，而非千篇一律刻板使用某种方法，更须注意对治疗设置不同期望值和目标。低功能患儿治疗应强调消除伤害行为，学习基本自理能力、对简单要求与规则的服从、基本社会情绪和行为以及适当的游戏能力等。高功能患儿预后一般取决于治疗开始时间、训练质量和训练强度，其目标应包括如何学会语言的流畅性，与同伴进行适当的互动，一般的社会适应性能力等，对他们职业化培训的早期介入是值得倡导的做法。

自闭症孩子长大后做什么工作合适

自闭症的当下形势

在 2019 年 4 月 2 日第 12 个自闭症关注日前后，网络媒体上关于自闭症的各类报道铺天盖地，对公众认识和理解自闭症起到了一定的推动作用。我国至今缺乏权威的流行病学调查资料，大致推测全国约有 1 000 万自闭症人士，其中不乏很多大龄自闭症人士，他们的命运究竟如何，我们知道得并不多。

在大中城市，公众对自闭症有了一定了解，却仍停留在较浅显层次，社会上广泛流传着对自闭症的"蓝色幻想"，称其为"星星的孩子"，他们是那么招人怜爱和需要全社会竭尽所能予以帮助，同时提起自闭症，总有人说他们是天才、天生的艺术家、科学家等。无论是潜意识否认还是夸大，实际反映出了公众的美好愿望，也是人性的使然，但终究是对自闭症认识上的局限。对高功能自闭症孩子长大后何去何从、如何就业或融入社会，从政府主管部门到患儿家长、从专科医生到康复机构较少涉及，或相关建议和工作多流于形式，到真正落实、落地仍面临着许多挑战和不确定性。

在我国，大龄高功能自闭症人士的职业化培训和就业已到了刻不容缓的地步。我深感到，自闭症不仅需早期康复治疗和慈善公益的投入与支持，还需要"授人以渔"，让他们成年后融入社会，并使在其力所能及的范围内做到自力更生、安身立命，获得有尊严的生活；因此，急需在社会多层次建立自闭症人士就业培训机构，培训和增加对自闭症职业化过程的帮扶人员。

Autism at Work 网站提到，只有当自闭症孩子的家人、朋友，乃至整个社会对自闭症有了更完整而清晰的认识，接受他们的存在，接受他们本来的方式生活，自闭症人士融入社会系统才有了土壤（皇甫育冰，2019）。要做到这一点，不仅需要完善认知、调整理念，还需要全社会不断思考如何形成一种机制，打开入口与通路，让自闭症人士能够尽早回归到常规社会系统中。

自闭症适合从事哪些工作

即使在欧美国家，自闭症就业也面临很多困难。美国报道，约1/2美国自闭症患者失业，1/3有学历的自闭症人士无业；找工作的自闭症患者中，大多数在庇护场所工作，工资低于全国最低工资。尽管有些雇主一开始对雇佣自闭症人士表示担忧，但对有一定职业培训和经验的自闭症人士的良好记忆力及细节处理能力给予了积极评价，对他们遵守规则与程序的能力予以高评。因此强调了对自闭症患者的职业化培训的多样性、多极化，培训中添加了与自闭症相关的知识以消除雇方误解，增加工作过程的指导帮扶员工，增加了自闭症人士的就业机会。

大龄高功能自闭症或阿斯伯格人士有很多自身特点和优势，如诚信可靠、缺勤率低、高度秩序感、较强记忆力、专注执着、非凡图示辨别能力、细节关注、"刻板行为"的转化优势等。因此他们适合于：一是简单重复的工作内容，如图书或货架整理、送报、送牛奶、简单的流水线装配等；二是不需要大量的社交人际与口才的工作，如后台工作；三是短期内有明确的工作目标的职业；四是适合某方面才能突出的人群：各种才艺表演、计算机程序员等。日本著名自闭症专家宫尾益知教授对自闭症人士的就业提出如下建议：

（1）研究型职业：许多自闭症人士具有特殊的兴趣爱好和特定专业的丰富知识，如数学、昆虫、生物、天体、机械、美术、艺术、编程、历史、军事等方面。他们有可能通过因材施教获得相关专业学历，因此适合于在大学、研究所、博物馆、植物园、动物园、林业所、信息情报、IT行业等职场工作。

（2）计算机相关行业：计算机程序内涵不外乎依赖0与1的编程，二择一的固定重复操作特别适合于自闭症人士特点，这种职业无须接触太多人，无须应对处理复杂人际，很容易让自闭症人士适应和沉迷于此类工作。

（3）服务行业：如关照老年人、帮扶残障人士及重症患者、宠物店及宠物庇护所、动物园饲养管理员等均适合于自闭症人士的兴趣特点。

（4）酒店后台服务与管理：如房间打扫整理、酒店物品分配、行李托运保管、酒店仓库保管、后台保安等。

（5）自由职业：如糕点烘焙、汽车电器维修、商品分装管理、花店插花与养花、工艺品制作与自卖等。

（6）图书资料管理及翻译：公共图书馆的书籍资料整理归位具有简单重复性，但需要耐心、注意细节和可持续性，亦适合自闭症人士特点；如有好的外语水平，做资料翻译工作也十分适合于他们。

当然，适合于自闭症人士的工作范畴远不止于此。家长们必须建立"始于幼年、基于能力和兴趣"的理念为自闭症孩子的未来和就业着想，要做到未雨绸缪，做好功课、做好准备，勿过分纠结于孩子在学校的成绩，这些分数并不一定决定孩子的未来发展。

自闭症与"科学怪人"有关吗

记得此前看过奥斯卡获奖电影《模仿游戏》，内容为"二战"期间英国天才数学家、计算机之父艾伦·图灵带领一精英团队破解了德军英格玛密码，从而扭转"二战"战局。演员本尼迪克特将图灵演绎得出神入化、惟妙惟肖；图灵是个既正派又羞怯的人，平时一个笑话都憋不出来，却有着不达目的誓不罢休的执着精神；在工作中他完全沉浸在个人兴趣与才能中，却缺乏基本的社交技能，作为主持者无法与同事们协调关系，也因此差点毁了自己的破译任务。最后在其女友帮助下勉强修正了同事间的关系，成功完成了英格玛的破译。我当时不由发出惊叹，影片中的图灵简直就是个典型的阿斯伯格综合征人士，即所谓的"科学怪人"。

自有自闭症报道以来，一直有观点认为"科学怪人"（并无贬义之意）大都具有自闭症特质，有些看来就是高功能自闭症或是阿斯伯格综合征，如图灵。20世纪90年代，Baron-Cohen教授提出，自闭症儿童及其家长在理解和分析可预知、有规律的体系方面（如数学、机械及电脑程序）总显示某种天赋。他假设，可能是家长的基因决定了其思维适应于技术性工作，这种特质同样遗传给子代导致自闭症。

自闭症儿童确实易被数字符号、机械装置、日历、地图、旋转物体等所吸引，有些自闭症在某些专业知识，如生物、物理、天体、数学、绘画等方面具备惊人的记忆和天赋。如今在学术界，确有许多人承认自己具有某些特质，如兴趣狭窄、不愿社交、沟通不良等，按谱系（spectrum）观点理解，其一个极端形式看来就是自闭症。电影《社交网络》的主角原型就是 Facebook 创始人扎克伯格，他的女友因受不了其社交障碍和强迫人格，最终与他分了手；影片中的扎克伯格确实是典型的硅谷怪人，网络技术上非常卓越，却因社交问题丧失了友谊和社交优雅。

Baron-Cohen 的观点确实有些依据，即"科学怪人"或其他很多从事科学研究与工程技术的人易表现出自闭症的一些特征，而他们的后代出现自闭症的风险似乎更大。我在临床上也有类似体会，来访的自闭症儿童家长，尤其是父亲身上除上述工作特质外，还有对话时不自然、讲话刻板、回避对视、思维固执、缺乏"同理心"等特点，这些行为也可通过其配偶私下询问得到证实。无独有偶，美国临床心理学家西格尔在加州大学和圣弗兰西斯科开办自闭症诊所，提到自闭症儿童父母时，他也说道："我见过各种各样的深度怪人。他们不与人做正面的眼神接触，所有的服饰都来自网络商店，社交理解力很弱。"因此他认为：这些"怪人"如果相互通婚，对他们的后代绝对不是什么好事。

Baron-Cohen 的研究发现，自闭症都具有较高的"系统商"（systemizing quotient）；他对剑桥大学学生的一项调查研究发现，数学专业的学生比法学和社会学专业学生更倾向类似自闭症，在其自闭商值（autism quotient）的调查问卷中数学和自然科学专业学生的得分比人类学、社会学专业学生都高，且男性居多。因此，他提出了自闭症的极端男性化大脑理论（extreme male brain，EMB），自闭症是处在系统化相关认知连续体的一个高端，而处于与共情化（如理解他人、交流与对视）相关能力的最低端。他的研究似乎证明，系统化能力可以遗传，如在硅谷 IT 行业人群中自闭特性人比例很高，其后代发生自闭症风险比一般人群高。确实有研究发现，多数自闭症儿童的父亲职业属于数学统计、生物医药科研、自然科学、会计、工程师、设计师等，而体力劳动者或蓝领阶层比例较低，即使控制了被试教育水平，这种差异仍存在。

Baron-Cohen 的依据还来自荷兰的技术中心埃因霍温镇。通过检查学校的记录，他发现生活在埃因霍温镇的孩子被诊断为自闭症的概率比生活在其他两座规模类似的荷兰小镇的孩子高出 1～3 倍。因此 Baron-Cohen 认为，系统化能力强的父母更有可能生出自闭症孩子。他说道："我之所以选择埃因霍温镇作为研究对象，是因为孩子的父母就当地自闭症的流行情况咨询我。这与某些研究人员的方法不同，他们偏向于随机选择自闭症高发的信息技术地区，然后将之与具有相同人口分布的非信息技术地区进行比较。埃因霍温镇的学校记录并没有反映父母的年龄、受教育程度或是否在 IT 产业工作，而前两项数据都与自闭症的诊断呈正相关。"一项"社会响应等级"（social responsiveness scale）的研究，通过问卷调查普通和自闭症倾向特征人群，发现具有自闭症特质的人群更容易倾向相互结合和通婚，其后代会比父母更具有自闭症特质。但无论如何，这方面的研究仍会继续吸引人们的关注。

尽管 Baron-Cohen 的理论很吸引眼球，但质疑者大有人在，他们认为其研究对象大都集中于高功能自闭症，他们的智商正常或高于正常水平，而对照组则是随机选择的；并且，从事 IT 或其他高学历行业者大都晚婚晚育，父母高龄生产也是增加自闭症的风险之一。同样，教育水平高的父母可能对自闭症了解更多，就医的可能性也更高。我也认为，Baron-Cohen 的关于擅长技术工作的父母易生自闭症孩子的理论可能会误导公众，并在公众心目中留下"科技怪才与自闭症相伴"的印象。目前，"自闭症特质成就技术天才"在某些领域或家庭中似乎形成了一种流行的观点，我认为这种现象是把"双刃剑"，一方面，"科学怪人"在当下会赢得一些名望，如果社会公众能够承认和接受他们的才智，并为他们提供发挥才能的平台，当然是件令人高兴的事情。但另一方面，不可否认，现实中很多阿斯伯格综合征或高功能自闭症人士过着极为艰难而悲惨的生活，大量的自闭症孩子存在严重的智障，没有语言能力，终生致残率很高。如果人们热衷于指着某些名人说他们是自闭症（通常提到的人物是牛顿或爱因斯坦），作为自闭症孩子的父母若身处其境，肯定会感到困惑、被误导，最终陷于绝望和愤怒。

谈谈阿斯伯格综合征是什么病

阿斯伯格综合征（AS）曾是自闭症的一个类型，最初由奥地利儿科医生 Hans Asperger 于 1944 年报道，后来用他的名字命名了本症。2013年美国《精神疾病诊断与统计手册》第五版（DSM－5）在其诊断标准中取消了 AS 称谓，并把自闭症谱系障碍分为轻、中、重三个类型。当然，对此学界仍存在很多争议。多年来，我一直对 AS 感兴趣，也长期观察了部分临床案例，总觉得 AS 在某些特质或本质上与自闭症存在着差别，因此不愿放弃做 AS 的诊断，对符合标准的孩子或成人仍然做 AS 的诊断，为此我还研发了一种 AS 筛查工具，一直用于临床。

AS 孩子早期很难被发现，或很多被误诊为多动症来治疗，当然现实中 AS 的漏诊率更高。因为，很多 AS 孩子自幼语言发育正常，有些甚至较早表现某些特殊的语言天赋，入学前社交困难和行为问题并不凸显，那些自闭症的典型症状在 AS 身上较少显现，孩子的母亲通常表述"我这孩子特别好动、话多、注意力不集中、不大服从指令、我行我素、行为幼稚"等，如果在幼儿园或小学没有遇到太明显的生活和学习方面问题，一般不会来找医生看，门诊诊断中 AS 男孩比率偏高。

AS 的问题到了小学以后才会凸显出来，若仔细观察，就会发现 AS 孩子一直不善于社交，多动和重复刻板行为或动作偏多，话多（有时喋喋不休），重复提问相同问题，说话显得"学究"味很重，可能较早痴迷于某些符号、图幅、知识（阅读、历史、机械、生物、博物诸如此类不厌其烦），运动发展不良和动作笨拙，因此讨厌运动和持笔写作业，随着年龄增大这些孩子更容易疲劳而不愿运动，因此可能会发胖。

在团体中服从指令和规则差，教师或同学感到 AS 孩子很不同寻常，显得"另类"或很有个性，也因此会给家庭和团体生活带来麻烦。他们起初会有一定的交友愿望，但与同伴互动缺乏技巧，不善察言观色，不大理解他人的想法或意图，经常用不恰当的动作和行为"招惹"别人，以至于小朋友不愿接触他/她，久而久之会因无法交友而孤立和焦虑，或索性沉迷于个人兴趣当中，有的会出现持续的"选择性缄默"，只与最熟悉的人讲话，而其他场合则闭口不言。交友失败经历会给 AS 孩子带来心理创伤，由此引发很多情绪问题，如焦虑、愤怒、抑郁、强迫等。也因此会产生拒绝社交、拒绝上学、睡眠障碍等问题，有的会出现长期蜗居在家不出门的情况。

在日常行为中，AS 孩子很难理解和遵守规则，言行中更多表现"自我为中心、我行我素"，不大懂得害羞，有时滔滔不绝讲自己感兴趣的话题，而不在乎对方是否在听，语言表述经常缺乏逻辑和概括、词不达意、"废话"偏多。反过来，AS 孩子又很难理解别人的话题，尤其不懂幽默、讽刺、隐喻、开玩笑、比拟、带有感情的话题内容，因此 AS 孩子很难在团体中与他人分享快乐。

尽管 AS 孩子智力正常或"超常"，但他们会有持续性社会适应困难，一生都会"磕磕绊绊",青春期以后合并各种情绪障碍比率很高,有些可能会发展为严重的精神障碍,后者与其家庭及社会处遇不良有很大关系。他们在升学、恋爱婚姻、职业培训、就业、独立生活等方面会遇到很多困难和挑战。当然,AS 中也有成功人士,但不具有普遍性。

目前对 AS 孩子没有特殊的治疗方法,只能寄希望于家庭、学校及社会宽容地接纳这类孩子,即便采取干预介入,也是以改善他们的社交技巧,控制情绪问题,提高运动能力,防治继发性行为问题为目的;如有明显焦虑和抑郁情况的则适合药物治疗。家长对这些孩子未来的职业规划应提前做准备,发现和发挥其特长。

静老师说

我觉得,与其将 AS 看成一种病症,不如视其为是一种人格特质,或理解为认识世界的方式与我们有所不同,是正常谱系上的一种延续而已。

孩子被诊断为阿斯伯格综合征后应怎么办

阿斯伯格综合征自 20 世纪 80 年代起开始受到广泛关注,迄今网络上有关 AS 儿童的报道已有很多,但具体到儿童本人及其家庭时,仍会存在着很多困惑与烦恼。例如,父母带着仅仅被初步诊断为 AS 的孩子来访,有的则是根据网络信息"对号入座"怀疑到自己孩子可能是 AS,他们关注到这类孩子的共同特点是"多动、沉迷于个人世界、固执、对某些事物敏感、我行我素"等,询问接着应该怎么办。

第一,父母要做的是通过专业医师确诊孩子是否为 AS,是否合并有其他精神心理问题(如抽动障碍、情绪障碍、睡眠障碍、学校恐怖症、拒绝上学等),最好对孩子的智力水平、社交能力以及学习能力进行评估,并依据评估结果接受医师的针对性指导。

第二,虽然目前对 AS 还没有特殊的治疗方法,但对孩子的社交、行为、日常生活中容易遇到的困惑、纠结点等应及时寻求医师的解释和探寻解决的方法，如合并有上述精神心理问题的则可使用一些药物辅助治疗。

第三，可通过医师推介，让孩子参加居住点附近的机构或社区儿童辅导中心的活动，训练和提高他们的社交技巧、团体适应、情绪自控等能力。须知，目前尚无针对 AS 儿童统一的干预或指导指南，对孩子的诊断咨询也因医疗机构和医师的不同而有所差异。

第四，如是学龄儿童，父母要了解 AS 孩子的特长与短板，尽可能做到扬长避短、抓大放小，没必要纠结于孩子"指端末节"的行为，如不恰当招惹他人、说话过于直白、讨厌写字、行为幼稚等；父母了解掌握一些家庭应对方法与知识十分重要，有本托尼·艾武德编写的《阿斯伯格综合征完全指南》（华夏出版社，2012）可阅读参考，也可参考借鉴专业网站的指导方法。

第五，AS 不是什么"性格或是气质"类问题，是属于带有遗传性质的神经发育障碍，勿盲目乐观于孩子的某些"天才、天赋"表现，AS 孩子的社交困难和刻板行为会伴随其很久，随着年龄增长，AS 孩子遇到的困惑更多是情绪障碍和强迫症等问题，他们在成长过程中会不断出现很多新的行为问题，可能会使父母产生严重焦虑和"抓狂"。但无论如何，父母要尽量摆正自己的心态，父母的不良情绪无助于解决孩子的问题，甚至会起反作用；因此来自父母的真正理解、帮助与多方位的支持尤为重要。要尽可能与专业医师建立长期合作关系，遇到新问题时须及时约见医生寻求咨询与帮助。

女性阿斯伯格综合征的特点是什么

临床上诊断的阿斯伯格综合征（AS）大都是男性，于是给人的感觉是AS 多见于男性。然而，现实中女性 AS 并不少见，只是她们的行为表现没有男性 AS 突出或典型罢了；反观迄今为止的 AS 诊断标准，几乎是根据男性 AS 的特征来描述和界定的，套用在女性 AS 身上并不太吻合，加上男女言谈举止和行为与生俱来有所不同，这就使得女性 AS 更难被察觉，她们更少主动或被动去看医生。

女性 AS 有什么行为特点呢？若仔细观察，她们身上同样存在 AS 的症状，且较早就显现出来。记得有一天，一对夫妇领一位 6 岁女孩来看诊，主诉道：女孩自幼好发脾气，对声音敏感，在幼儿园不大服从指令，不遵守纪律，老师暗示应该找医生看看。女孩自幼语言发育正常，喜欢翻阅各种图书，有时达到痴迷状态，甚至不理会父母的呼唤；掌握很多词汇量，说话文绉绉的，好用"书面语"交谈，但缺乏真正的语言交流技巧；不喜欢与其他同龄女孩玩，总说那些小孩玩的太无聊，她们的玩法太愚蠢；因此，宁愿独自玩耍，或更乐意找其他大龄男孩玩；再就是，其玩耍方式不同于同龄女孩，更喜欢拼图、机械类玩具，而且总是没完没了地问问题，好刨根问底……显然，该女孩符合阿斯伯格综合征的诊断。

总体来讲，AS 女孩在整个童年期社交和日常行为没男性凸显，加上女性相对的"文静"和自我掩饰，很少被察觉异常或主动找医生检查咨询。到了青春期或成年后，AS 女性的社交技能相对均衡，分寸感比较好。AS 女孩有较好的想象力，比较喜欢玩假扮游戏，她们喜欢故事、仙女、巫婆和各种奇幻世界，包括幻想中的朋友。很多 AS 女性对宠物、明星或一些肥皂剧有着超乎寻常的迷恋。青春期后喜欢男性化装束，不喜欢涂脂抹粉，有可能容易受他人欺骗和遭受性侵犯。

社交、人际方面的困扰会一直伴随她们的生活。她们不喜欢社交和找人聊天，觉得闲聊和寒暄很累人，她们不喜欢聊"八卦"，而更喜欢实用功能性的对话；在人多地方聊天时她们会感到紧张、焦虑和不自在，也因此故意借故回避社交场合，如生日聚会、演出、团体出游等，但她们的借口往往很蹩脚，容易让人识破。因此，AS 女孩在学校或职场常成为被嘲弄、讽刺挖苦的对象，而她们自己不明白为什么。她们往往只有一两个好朋友，有时觉得与男性相处更容易、更放得开。AS 女孩本身有社会性互动的需要，也明白他人的期望，她们喜欢玩社会性游戏，但很少主动发起游戏，而是由其他人带动着玩。

AS 女性的面部表情往往与其内在情绪不一致，常以被动攻击的方式应付外界压力，她们很容易自责和生闷气。在职场中，她们倾向选择做那些需要智商（而不是情商）的工作，如会计、计算机、资讯分析、实验室工作等，有的也会成为公司企业高管，表现"高冷"、工作狂或女强人形象。她们可以谈恋爱、结婚生子，但夫妻关系容易出问题，且养育孩子态度可能显得"冷漠"，或养育子女遇到的困惑较多。

静老师说

　　AS女性常会感觉到自己与他人不同，也常因感到身体不适而烦恼，有可能因为焦虑、抑郁、进食障碍、睡眠障碍、婚姻问题或行为问题、社交问题而看医生。

患有阿斯伯格综合征的大龄孩子们的困惑与烦恼

　　自20世纪70年代以来，对阿斯伯格综合征（AS，这里称为 Aspies 阿斯们，并无贬义）文学、电影虚构描绘变得频繁，公众对他们的看法往往基于小说、传记、电影和电视剧中的写照，这些描述通常给公众带来"他们特别招人怜悯和有很多可爱之处"的印象。而不甚了解阿斯们的准确诊断和一些不良预后。不得已，这里再次历数阿斯伯格综合征儿童常见行为问题，是因为我们在现实生活中无法回避和无视他们容易遇到如下所述的困惑与麻烦。刻意回避这些问题，无疑会给孩子、家长和学校带来更多烦恼和无奈。认识和了解阿斯们的社交与行为常见问题，利于家长和学校采取有效的应对防范措施，帮他们平稳度过学龄期和青春期。因为，阿斯们的社交与行为问题大都到了小学或青春期后才会凸显出来，会给他们自身及其家庭带来很多问题与挑战，许多家长因阿斯们到了青春期后问题变得难以控制而紧张甚至抓狂。

持续的社交困难

　　阿斯们与同龄人的社交互动出现不同程度障碍，有些则与小龄儿童或成人交往顺利。阿斯们的社交能力会因人而异，尽管他们普遍渴望交友和获得友谊，但由于笨拙和缺乏社交技巧，以及解读社交信息困难，容易遭受他人排斥和欺侮，并由此引发阿斯们的各种情绪问题，如愤怒、焦虑和抑郁，严重者到了青春期后会发展为严重的精神心理问题，如拒绝上学、拒绝社交、蜗居家里、物质依赖等。如若家庭环境不良，阿斯们很容易受到情感或躯体上的虐待，他们特别容易感到困惑和费解：为什么自己要遭受惩罚、虐待和排斥，不知道自己究竟错在哪里。有报道，青春期后的阿斯们容易被引诱加入不良团伙，或被恶意利用犯事；很多有一技之长的成人阿斯们，也会因与雇主沟通出问题而遭解雇，因此他们容易失业和成为无家可归者。

学习困难问题

阿斯们一般可以入读学校，其中不乏成绩优秀者，但相当部分还是会遇到很多学习上的麻烦。虽然阿斯们可能在数学、阅读、英语、生物、天体等方面表现某些天赋，但他们平衡掌握综合知识方面欠缺，甚至厌恶和抵触某些课程门类，也会厌恶做家庭作业。阿斯们多有运动发育协调问题，所以讨厌上体育课、讨厌写字、讨厌集体活动。教师们经常反映这类儿童"不服从指令、课堂上擅自离席、行为有问题、违拗对抗教师"等，这缘于阿斯们的"低情商"和心灵解读能力差，他们会毫不客气、直截了当指出教师们的失误或失言。校方投诉的主要行为是：阿斯们普遍傲慢、没礼貌、我行我素、恶意和不服从、不守纪律、缺乏理解和支持等，教师的介入与干预容易招致阿斯们的反抗、愤怒、情绪爆发失控等。他们可能合并注意缺陷多动障碍、学习障碍、对立违抗障碍、强迫症等，使得学习困难"雪上加霜"。正因如此，他们的学习进程易受阻碍，乃至丧失学业和"被逐出"校门。

青春期问题

青春期也被称为"第二反抗期"，随着第二性征的出现，内分泌功能和性激素水平上升，由此引发更激烈的躁动、恐惧焦虑、情绪不稳定、对异性感兴趣、手淫等问题，由于阿斯们的自控能力不及普通儿童，因此他们这方面的表现更凸显和直白。阿斯们容易因理解两性关系与界限困难而引发不当行为，如盯着喜欢的异性看、摸别人头发、尾随异性、不当表露爱慕、频繁手淫等。青春期的他们，自我意识也会增强，但容易走"害羞"与"自我表现"的两个极端，对他人的评价和眼光变得敏感多疑，从而引发强烈的焦虑与恐惧。阿斯们此阶段容易合并述情障碍，无法识别和调节悲伤或愤怒之类的强烈情绪，因而易出现突然情感爆发、哭泣或极端愤怒。也因此会导致睡眠障碍、拒绝社交、贪吃肥胖、口腔溃疡、龋齿、蜗居等问题，此阶段不排除他们会合并抑郁症、双相障碍、社交恐怖症、人格障碍等问题。

就业和职场问题

美国 2011 年的一项调查显示，具有大学学历的高功能自闭症（包括阿斯们）一半以上 2 年内找不到工作，低收入家庭孩子们的情况更糟糕。他们的一部分不得已就业于庇护工场，但其工作往往简单重复、乏味、低技能、低薪酬，工作无法符合个人兴趣爱好和所学专业及实际能力，而且工场环境相对隔离，易使阿斯们产生隔离感和形成孤立。即便是在职场，阿斯们由于沟通不畅而容易与雇主和同事产生矛盾；工作过程中不能理解进程与规则而陷入惶恐、焦虑；无法与他人感受合拍而协作工作困难；也因他们的天真幼稚，容易被他人利用和盘剥。另外，职场日程规定的更改或严格要求遵守规则，容易使阿斯们愤怒和更具攻击性。阿斯们由于缺乏对社交场景的理解及交流技巧，也会使他们择业和就业"到处碰壁"。也不排除阿斯们因自寻快慰而使用违纪违法手段满足个人沉迷的兴趣，如英国的 Gary McKinnon 为了寻找关于 UFO 证据，于 2001 年 2 月至 2002 年 3 月间，利用计算机黑客技术侵入美国政府系统，造成 80 多万美金的损失。

成人阿斯伯格综合征的行为特点

由天宝·格兰丁说起

天宝·格兰丁（Temple Grandin）在自闭症人士中是个知名人物，也是个了不起的畜牧业方面的学者，曾被美国《时代周刊》评为 2010 年"全球最具影响力人物"。

格兰丁 1947 年出生于美国波士顿的一个富裕家庭，在兄弟姊妹四人中排行老大，由于幼年时的某些"怪异行为"和语言落后，曾被诊断为"脑功能损伤"而接受语言康复训练；她同时十分恐惧周围的噪音和与人接触，因此被母亲领着寻找过很多神经精神病科医生专家求医诊断，结论各异。

格兰丁入小学后出现了各种人际交往问题，经常被同学嘲笑为书呆子、"傻子"，笑她重复讲话像个"录音机"，到中学时因与同学发生冲突而被学校开除。她在回忆录中说道：中学时期是我一生中经历过的最痛苦的岁月，高兴时甚至都不敢发出笑声，我常常生活在令我不堪忍受的噪音与恐惧当中。不得已，被母亲安置到了一所乡村学校学习，在那里她的情况和境遇大为好转，1970 年她在富兰克林皮尔斯学院获得了心理学学士学位，1989 年在伊利诺伊大学获得了动物学博士学位。

此前，格兰丁的生活一直充满坎坷与辛酸，不断陷入各种情绪困扰和面对社会环境的各种挑战，直至 40 岁时她才被诊断为阿斯伯格综合征，或称为"自闭症学者"。她描述自己自幼感知觉敏感和极度恐惧，就像被"捆绑在铁轨上面对奔驰过来的火车"，绝望而战栗，不愿与他人交流。就业入职后，她通过个人天赋与专业知识揭示了动物遭受屠宰前的恐惧感，并设计出美国畜牧业人性化处置设备。她出版的《我心看世界：天宝解析孤独症谱系障碍》，为我们了解孤独症人士内心世界及其奥秘提供了很好的参考素材。

有意思的是，格兰丁称她的一位妹妹童年患阅读障碍，后来成为一名艺术家，另一妹妹是个雕塑家，弟弟则是个银行家。不难看出，其家族后代似乎都有些"天赋"和特别的个性，但早期成长都遇到过一些问题，尚不好说，是否存在家族内的遗传性关联。

总言之，在我们周围肯定生活着很多类似格兰丁一样的阿斯伯格综合征或是高功能自闭症成年人，他们童年时被误诊过，或是压根没有被诊断过。

成人阿斯伯格综合征有哪些特点呢

（1）不擅长人际交往。

阿斯们始终不擅社交，回避人际交往，不愿待在人多的地方，喜欢独处，性格偏孤僻内向，人多场合容易紧张和动作别扭僵硬，表情僵硬或平素面无表情（面具人），喜欢沉迷于自己喜欢做的事情；人际沟通缺乏弹性与技巧，过分"较真"和偏执，坚持个人观点，不大理解和理会对方的感受，察觉他人情绪状态困难，不能忍受别人的批评或指责，容易发怒或紧张焦虑，容易"记仇"而被人误解为心胸狭窄；理解他人隐喻的需求或是无恶意的玩笑困难，易误解他人的意见或观点。因此，易遭团体或同事们的排斥或嘲弄，难有知心朋友，如在学校则容易遭欺凌，他们会纠结于"为什么他们这样对待我"的想法。有报道，青春期阿斯们因有强烈社会归属需求而可能加入不良团伙，或被唆使犯事。一般来讲，阿斯们也很难谈情说爱，除非他们的另一半是出于怜悯同情或者很善解人意，或是志同道合而有可能组成家庭，即便是结婚，年龄多偏大。

（2）有强烈的道德意识。

阿斯们可能有强烈的道德感，过分坚持"非白即黑"，对是非曲直敏感而易扮演"道德卫士"，面对是非对错毋庸置疑地坚持"真理"，难接受"通融"；对他人强烈要求坚持道德规范，而自己却很难真正做到执行与遵守；虽然有较强的时间观念，但自己很难做到准时准点到位，有时会故意拖延和逃避。向他人表达意见或情绪感受时过于直白和偏高嗓门。

我曾看过一位成人阿斯，说话语速快、声调高而缺乏逻辑，缺少对视，曾写过一两本书，有轻微被害妄想，称自己在单位常遭受不公待遇而不断地上访告状，令单位领导和同事不胜其烦，避而远之。日本著名发育行为儿科医生宫尾益知说："天资好而有成就的阿斯们特别适合做法官、检察官、财务监督、审计等工作，因为他们会认真履职、刚直不阿、维护道德底线。"

（3）日常行为偏执。

阿斯们经常体验焦虑和不安，缺乏快感，不排除强迫行为与偏执人格，如经常表现强迫行为与强迫思维，坚持固定的日常行为、时间以及固定做事，不喜欢前台接触人的工作，而喜欢后台管理或是固定操作类工作。青春期至成年后可能会被他人盘剥和恶意利用，自己却难于知觉和防范。成功的阿斯则多显得傲慢、高冷，令别人感到难以接近。国外报道，有些成人阿斯虽可获得较高学历学位，但容易遭解雇，因此不断更换工作。个别阿斯具有较好口才，因此可能擅长讲演类事情，如格兰丁，但私下里压根不愿与人深交。若合并偏执型人格，则好制定限制性家庭规矩，使家庭成员"苦不堪言，难以忍受"，因此容易出现婚姻危机和家庭暴力。

（4）存在不同程度的情绪困扰。

阿斯们大部分会伴随不同程度的情绪困扰，如长期的焦虑、强迫、抑郁、紧张等，甚至合并双相障碍、述情障碍、选择性缄默症等。如若家庭支持不足，或是遭遇频繁挫折与失败，则很可能长期回避社交而蜗居家里不出门，也因此合并过度依赖电子产品，贪吃肥胖，过早罹患糖尿病、高血压等病症；也可能因长期愤怒而攻击、自伤和毁物。暴怒发作而攻击他人者中不乏阿斯人士，如 2007 年制造震惊世界的弗吉尼亚理工大学恶性枪击案的韩裔赵氏学生，被推断患有阿斯伯格综合征和选择性缄默症。

（5）职业适应困难。

阿斯里不乏优秀人士，可在不同行业领域获得较好职业和个人成就，如格兰丁。但大多阿斯们始终存在人际和社交困难，也可能职业适应困难而致工作效率低下，或频繁更换工作，甚至无业或待业在家里。

格兰丁对自己生活的评价是：我不是一夜之间变成像现在这样社会化的一个成员。我之所以成为今天的我，是因为我所有的经历，我经历过的不同的事情给我提供了机会去学习，一点一滴地，非常不容易，有时简直是相当困难。我犯过很多错误，不过我一直坚持尝试，直到我做对为止，而且，我直到今天依然在学习和适应中。

阿斯伯格综合征和多动症儿童的区别

问题由来

最近在学术会议上总有基层儿科或儿保医生问起我：阿斯伯格综合征（AS）和注意缺陷多动障碍（也叫多动症，简称 ADHD）如何鉴别，如何给出准确诊断。巧的是，很多就诊关联问题孩子的家长，也不停询问这两者的区别在哪里；从大量门诊资料来看，AS 被误诊为 ADHD 的甚多，当然 AS 漏诊率也很高，或两者共患、并存于同一孩子也是事实，因此常出现两者的混淆和误诊也就不足为奇了。

阿斯们的特点

目前，AS 虽然被划归在孤独症谱系障碍范围里，但就其本质或特点而言，仍与典型自闭症存在着很多差别，确有部分专家担心，取消 AS 诊断可能防止轻度边缘状态的人士被评估为自闭症，对此暂不展开讨论和说明，这也是学界无休止的话题和争论点。

大抵来看，AS 孩子早期发育和正常孩子基本没什么区别，语言、运动、基本生活能力的发育如同正常儿童；但父母仔细观察或许会发现些许迹象，AS 孩子可能会有语言稍显落后、运动发育协调不良、幼年较难带养、睡眠问题、特殊偏好、视触听觉敏感、"早慧"、好动、话多（话痨）、与陌生人自来熟、重复提问、兴趣点上异常专注等，但这些表现不具有特异性，意即有些正常孩子或其他发育落后的孩子也可表现出这类特点，因此 AS 很难在五六岁之前被发现和诊断出来。

有些父母会因 AS 孩子的"早慧"陷于兴奋，盲目开发孩子的各种早教，使得这些孩子在记忆、识字、数字、绘画、英语、象棋、音乐等方面展现出"超凡脱俗"的表现，但其可持续性和生活实用性方面则大有问题，甚至可能导致 AS 孩子在认知上的"异化"发展，这点上值得父母引起注意；AS 通常进入小学后很多问题行为就会逐渐显现出来，可参考文章"谈谈阿斯伯格综合征是什么病"。

如下 AS 与 ADHD 的区别是个人经验的汇集，大抵如此，但有个体差异：

（1）社交：AS 具有持续的社交困难，ADHD 可有限交少数朋友（多与顽劣孩子为伍），AS 孩子有交友愿望，但缺乏交友技巧，用不当方式招惹对方，对幽默、讥讽理解困难，不会开玩笑，容易遭讥笑和排斥，显得孤立；而 ADHD 倾向霸道和攻击，令他人退避三舍，不敢招惹，但能理解幽默和讥讽，懂得开玩笑，有一定的朋友圈。

（2）语言：两者早期语言发育基本正常，但 AS 话多、词汇丰富、滔滔不绝、讲个人感兴趣话题，不在乎对方是否在听，交流上语言困难，语调和韵律单调；而 ADHD 语言能力欠佳、话不算多，但语用学方面好于AS，朋友间语言沟通较好。

（3）社会行为：AS 行为偏幼稚，自幼与陌生人自来熟，但理解和遵守规则困难，过分坚持是非观，规则变更易引起愤怒和违拗，社交策略缺乏弹性，发表意见过于直白，不会"玩心眼"，有时显得傲慢无理，不大懂得遮羞或掩饰；ADHD 虽然行为冲动，但可根据情景有限控制情绪与行为，能察言观色，懂得"见机行事"，较 AS 更会"玩心眼"，不大会显示傲慢，懂得遮羞和掩饰。

（4）多动和注意力：两者均可自幼不分场合好动，但 AS 对兴趣事物可持续注意和关注，甚者可痴迷，其多动偏于漫无目的，课堂上可安静看自己的书或"发呆"，也容易课堂上擅自离席，但较少干扰他人，不会搞

"恶作剧"；ADHD 任何场合都难以安静下来，注意力始终短暂，尤其容易"人来疯"、上蹿下跳、兴奋不已，多动兴奋有一定诱因和行为目的，课堂上较少离席，但喜欢"恶搞"和骚扰他人。

（5）学习和运动：AS 可能偏科，成绩不乏优秀者，也可能厌恶和不愿上某些课程，如讨厌写字或是上体育课，运动协调性欠佳、运动动作别扭和笨拙，但较少丢三落四，对感兴趣的课程记忆佳；ADHD 则普遍多科成绩不佳，也无偏科倾向，丢三落四，课程记忆普遍偏低，喜欢上体育课，运动协调尚可，有些具有运动天赋。

（6）情绪：两者普遍存在情绪问题，AS 倾向焦虑和内向性自我攻击，如焦虑、抑郁和自伤，情绪突然爆发时难以安抚，述情困难；ADHD 倾向违拗和外向性攻击，如骂人、打人、暴跳如雷、违拗对抗，但较 AS 容易平抚或安抚，可述情。

（7）非言语交流：AS 非言语交流能力普遍欠缺，察言观色能力不佳，解读非言语信息能力不足；ADHD 较 AS 上述方面要好些。

（8）特殊才能：AS 可能具备某些方面的才能，自幼可能显得"早慧"，说大人话，痴迷于某些知识，而 ADHD 极少表现此方面的特点。

（9）刻板重复行为：AS 普遍有重复刻板行为，兴趣相对狭窄，重复提问同一问题，容易合并强迫行为，而 ADHD 则不大会有此症状。

当然，并不是所有 AS 和 ADHD 都可依此区分，因此，专业医生丰富的临床观察经验、仔细询问孩子发育史就显得特别重要，草草看门诊总会容易误判或做出不当的处置，应引以为戒。另外，我们研发的《阿斯伯格筛查量表》具有很好辨别 AS 的效度，我一般会对可疑 AS 儿童做此量表的评定，加上缜密的观察与咨询，做出的诊断还算准确。

自闭症是神经多样性的表现吗

神经多样性

神经多样性（neurodiversity）是比照生物多样性提出的一个名词，认为人类大脑和心智的差异与多样性是人类多样性的一部分，是自然的、健康的、有价值的。和其他人类的多样性，如种族、性别、文化、性取向等一样，神经多样性会受到社会权力互动的影响，而且，这一多样性一旦被接纳和认可，便会有益于人类潜力的拓展。

　　进入 21 世纪以来，社会各界对自闭症，即孤独症谱系障碍（ASD）的性质及其定义，产生了很多争议与讨论。至少对此形成了两大阵营，一方认为 ASD 只是人类神经多样性的一种表现而已，而非疾病，并形成所谓"孤独症文化观"。另一方则认为，ASD 是一种遗传性神经发育障碍疾病，有必要进行医学介入与康复治疗。后者是目前大多数学术界的观点，并提出了许多相关理论以及康复训练方法。

　　ASD 维权人士乘残疾人权利运动兴起之风，提倡 ASD 是人类的一种独特生活方式，而非需要矫治干预的疾病，对 ASD 进行不同程度的分类弊大于利，尤其是阿斯伯格综合征和高功能自闭症（HFA）与正常群体没有质的差别。

　　甚至阿斯伯格综合征人士以自己被称为"阿斯皮"（Aspie）为荣，他们只是不想或不擅长与人交流而已，压根不想接受什么干预治疗，他们戏谑"我们就像是个左撇子，为什么非要矫正为右利呢"。

　　神经多样性的拥护者认为，ASD 的遗传应该被认为是人类基因组的自然表达，不认为人类大脑只有一种"理想状态"的构型，而视任何偏离规范行为的状态为病态，对 ASD 的神经多样性应予以更多的宽容、接纳。社会理解应将对待 ASD 的方法，更多地放在提升其适应环境的技巧上，而非强制训练他们接受所谓"正常行为"的塑造，同时支持建立特定的社交网络方式，使 ASD 患者能够按照自己的意愿进行社交活动。

　　总之，持这方面观点的人士，包括部分学者强调，ASD 就是一种独特的存在方式，应该得到社会认可、支持和赞赏，而不应回避、歧视或试图消除。

孤独症文化及其维权

　　随着社会对孤独症认识的进展，孤独症的教育及其社会化形式有了新趋势迹象，孤独症文化逐渐受到重视，由此产生了许多国际孤独症维权组织，如 Autreat、AFF、孤独症之声等；甚至由此尝试建立 ASD 专属社区，如日本的"榉之乡"，我国建设中的"静语者社区"。说明孤独症社区的悄然升起，为他们的生存、发展提供了一项不错的选择。

　　互联网技术的发展，为不擅长社交的 ASD 人士提供了一个新平台，他们完全可以通过这一平台开展社交、学习手语、参与在线聊天、建立自己喜好的社群、在 IT 领域展现个人才华，亦可通过网络开展工作，因为互联网有助于 ASD 绕过他们往往难以克服的非语言暗示和情感共享。美国的 Gray Benoist（2013）专门为 ASD 人士建立了工作场所 Auticon 公司，已拥有超过 150 名 ASD 员工，包括 Gray 的孤独症儿子，这里的 ASD 人士被赋予了极大的选择自由。这家小科技公司，专攻测试软件和漏洞修复。

令人意外的是，好莱坞众多美国大片背后，有一个由孤独症人士组成的非营利性特效工作室"卓越特效"（Exceptional Minds）。《蚁人》《权力的游戏》《海绵宝宝》《复仇者联盟：奥创时代》等让人喜爱的影视作品，都有这群孤独症人士的功劳。

另外，Aspies for Freedom（AFF）组织于 2005 年倡导发起，将每年 6 月 18 日设为"孤独症自豪日"（Autistic Pride Day），其影响随即迅速遍及世界各国。AFF 甚至指出，最常见的 ASD 治疗方法有悖道德之嫌，因为它们过分着重消除 ASD 的无害行为，如强制消除刻板行为、强制对视目光等。AFF 辩称，应用行为分析（Applied Behavior Analysis，简称 ABA）治疗有损 ASD 特有的心理防御机制，增加他们的痛苦感受。加拿大 ASD 自我倡导者米歇尔·道森（Michelle Dawson）在法庭上作证，反对政府资助 ABA 治疗。加拿大的一个叫"自闭症对自闭症"（Autistics for Autistics，A4A）的组织，阐述了 ASD 拥护者对 ABA 的主要反对意见。

"孤独症自豪日"强调，ASD 一直是人类文化的重要组成部分，是人类神经多样性的一种形式，ASD 人士面临的最大挑战是来自周围人对他们的态度、支持缺乏和不适应。例如，迄今人们给予 ASD 更多的是同情和怜悯，而不是真正意义上的理解，并视 ASD 的行为是一种需要矫治的病态。

神经多样性观点认为，ASD 仅仅是一种神经认知上的差异，这些差异赋予 ASD 独特的优势与不足，如果有适当的理解与支持，他们完全可以获得成功的生活方式，甚至成为社会各界成功人士、学者、发明者等。美国著名孤独症学者 Temple Grandin 说道："一个孤独症的穴居人，很可能发明了第一个石矛，如果试图从世界上消除 ASD，社会将会失去很多科学家，音乐家和数学家。"

神经多样性倡导者还认为，治疗/消除 ASD 的努力不应与治疗癌症相提并论，ASD 患者面临的挑战并非来自他们自身，而是社会价值体系和社会结构上的不平等所致。

静老师说

事实上，ASD 在"疾病"性质上，绝非是非白即黑、非此即彼的问题，正常人与他们之间的界限十分模糊不清，因此产生众多争议就不足为怪了。当下，我们只能持有 ASD 属于一种"疾病"范畴的观点。一方面，不得不承认，现实中，ASD 孩子如未能得到及时准确的诊断和人性化干预，他们的预后和未来并不会理想，尤其是重度孤独症，他们甚至会丧失基本的生活自理能力。有些中度和轻度的 ASD，也可能会发展为更严重的精神行为疾病，这与他们为适应"正常社会"而苦苦挣扎所致的不良后果不无关系。

另一方面，不可否认，包括学术界在内，全社会对 ASD 的认识仍十分有限，有时片面放大 ASD 疾病性质及其负面影响，而无视或忽略 ASD 的优势与长处，并且存在着无处不在的显性或隐性的歧视与排斥；学术界至今也无法全盘否定 ASD 是否为一种神经多样性的观点。就连英国著名的孤独症学者 Baron-Cohen 也提道："尝试帮助 ASD 患者解决诸如情感识别之类的困难会有所帮助。孤独症存在残疾与特长，一味强调孤独症的笼统治疗，有可能减轻残疾的同时也消除掉他们特有的长处。我们需要在尊重和重视 ASD 差异的同时找到减轻残疾的方法。"

解读其他发育性障碍

孩子注意力不集中一定是多动症吗

不一定。在如今的应试教育体制下，带孩子就其注意力不集中、多动而看病的家长还真不少，也因存在此症状而轻易给孩子扣上"多动症"的帽子，让其接受各种治疗的实例不胜枚举。事实是，导致孩子上课或学习时注意力不集中、多动的原因十分庞杂，"眉毛胡子一把抓式"地冠以多动症来治疗孩子的问题，是非常不靠谱的做法，有时结果会适得其反。因此，提醒广大家长，领注意力不集中和多动孩子看病时，一定要靠专业医师予以鉴别诊断和甄别处理才对，千万别给孩子滥贴"多动症"的标签。

所谓多动症是一种俗称，其正规医学名称是"注意缺陷多动障碍"，注意力缺陷、多动和冲动是该病的核心症状，这样的孩子同时伴有许多连带问题，如学习困难、违拗对抗、攻击行为、品行障碍等，临床治疗主要靠口服哌甲酯、托莫西汀等药物，大约35%～65%的多动症孩子服药后会产生疗效，但这些药物具有一定的副作用也是不争的事实。

除此以外，还有哪些情况可引起孩子的注意力不集中和多动呢？

（1）自闭症：多数伴有明显的注意力难以集中和多动的表现。尤其是，很多高功能自闭症或是阿斯伯格综合征容易被误诊为 ADHD 来处理，甚至用一些"牛头不对马嘴"的方法来干预，其糟糕的结局是不言而喻的。须知，自闭症自有一套针对性的康复治疗手段。

（2）学习障碍：一般指特殊性学习障碍，包括阅读障碍、书写障碍、计算障碍等类型；此类儿童多伴有阅读理解困难、语言理解和表达不畅、持笔别扭、书写潦草、笔画混乱、计算困难等问题，进而会罹及孩子的自尊、自信、学习动机等。这类儿童同样会容易出现注意力集中困难和多动的问题，需采取针对性的教育训练，如"个别化教育方案"（IEP）是最主要的干预措施。

（3）情绪障碍：这类儿童的症状具有很强的"隐匿性"，一般家长和教师很难察觉到。当事儿童会表现注意力不集中，并伴有不同程度的焦虑、害怕、强迫和抑郁等，可能会出现情绪低落、哭泣、害怕上学、逃避、缺乏愉悦、强迫动作多、睡眠困难等，如当成 ADHD 来治疗则完全是南辕北辙的事了。

（4）遗尿症：指儿童熟睡时不自主地排尿（尿床），一般查不出器质性病因，学龄前至青春期儿童均可见。有些父母为控制孩子尿床会采取各种匪夷所思的办法，如训斥、羞辱、讲大道理、强制给穿纸尿裤等。当然，最常见的做法就是夜间定时或不定时叫醒孩子如厕，其结果无异于是"选择性睡眠剥夺"；这样的孩子到了白天不但出现注意力集中困难，同时会伴有情绪低落、易怒、困倦、无心学习等表现。同样，若当成 ADHD 来治疗则效果会适得其反。

（5）早教：如今，各类幼儿早教成行成市，形成一种规模可观的产业链。无数父母囿于"不能输在起跑线"的观念，将学龄前的孩子送到各类早教机构接受训练，无非是识图认字、英语、音乐、钢琴、数学、象棋围棋、绘画及舞蹈等。我一直强调，所有这些训练内容无一不带"符号"特征。大量研究证明，"符号系统"的过早输入会造成儿童大脑的"神经拥堵"现象，其结果会导致孩子出现注意力集中困难、易兴奋冲动、自控能力降低、计划执行功能受损和严重拖拉行为等。因此忠告这些父母，还给孩子自由的游戏活动、无结构的运动体验、同伴交流的机会等，这才是培养和提高孩子注意功能的最好做法，尤其是学龄前的孩子。

（6）抽动症：那些不可自控地表现"挤眉弄眼、做鬼脸"的孩子，叫作抽动症或抽动障碍，他们大都伴有明显的注意力不集中和多动表现，建议温习文章"孩子'挤眉弄眼、做鬼脸'带来的烦恼"一文。

（7）智力问题：有些孩子本身存在智力偏低的问题，智力需要经过标准化的智力评估测得，结果以智商（IQ）体现，智商低于 70 则为"智力发育落后"，智商在 71～84 之间则为"边缘智力水平"。这些孩子大都存在注意力不集中、理解能力和记忆力欠佳、自我控制和管理能力不足等表现。当下的应试教育，试图整齐划一要求所有在校孩子学习成绩"达标"，但这对智力偏低的儿童来讲是极不公平的要求。脑力水平高低因人而异，打个比方，体能发展正常的儿童均可举起与己相配的重量，但体质差或体力弱的孩子，无论如何都举不起同龄孩子能够举起的平均重量。因此，对这类儿童实施"因材施教、扬长补短、促进自信"的教育策略才对，如"个别化教育方案"就对他们很有帮助。

此外，导致孩子注意力不集中、多动的问题与疾病还真不少见：如家庭功能低下（父母吵架离异、家暴、母子分离、寄养寄宿）、睡眠障碍、癫痫、脑瘫、运动发育迟缓、动作协调障碍、早产低出生体重、出生缺陷（宫内窘迫、缺血缺氧性脑病）等，发育行为儿科学对这些问题的处理原则和治疗方法各不相同。因此提醒广大父母，一定要遵循科学而靠谱的方法去应对孩子的注意力不集中和多动问题，否则不当的处理会造成家长与孩子的"两败俱伤"。

多动症的是是非非

有道是，事物总是有双面性或多面性，儿童心理和行为问题尤其如此。多动症恐怕是老百姓听到最多最熟悉的儿童行为病名，它是儿童精神心理疾病中被研究最久的病症之一，也是临床最常见的儿童行为疾病之一。早在 1798 年就有文献描述了一种儿童多动性疾病，称作"精神躁动"。1902 年英国儿科医生 George 对多动症做了较详细的描述，后来的研究一直认为多动症是脑神经损害导致的疾病，如 20 世纪 60 年代以后一度称其为"轻微脑功能损害"或"轻微脑损伤"等。目前，该病的学名为注意缺陷多动障碍（ADHD），也是当前最困扰孩子学习和引起家长烦恼的"疾病"之一。之所以在疾病二字上加引号，是因为 ADHD 的诊断界限及其发病机理仍未搞清，对其诊断和治疗的争议也很大，而且各国发病率报道也不相同，如北美报道 ADHD 发病率在 6% 左右，男孩发病是女孩的 3～6 倍；但中东、东南亚及非洲的报道就低很多。

自 20 世纪 70 年代以来，美国各界对 ADHD 诊断和治疗一直存在争议，参与争论的不仅有临床医生，也包括教师、养育者、社会学家以及媒体等，有人甚至认为 ADHD 是被人为"制造"出来的疾病，认为 ADHD 是正常儿童的一种自然行为反映。就连对 ADHD 研究最著名的医生 Conners 于 2014 年在纽约时报上撰文，也提到 ADHD 有被过度诊断的趋势。何况，

ADHD 的核心症状同样可表现在其他类儿童疾病上，如抽动症、学习障碍、自闭症、癫痫、睡眠障碍、遗尿症、情绪障碍等，因此临床上误诊或并诊的情况非常多见。一旦被诊断，用药治疗便成了医生的首选，因为用药治疗是最简单、最便捷的处理方式。无论如何，学界目前认为 ADHD 是一种完全可以界定清楚的具有遗传特质的病症。

　　一些社会学家则认为，ADHD 是将儿童一过性异常行为界定为医学问题的典型例子，抑或是将从前非医疗性的学校表现问题转变为医疗行为的事实。例如，有一种"社会建构理论"就认为，关于儿童的正常或异常行为的界限是按社会的评价标准去划分的，如松散而缺乏结构性的农耕或牧业生活并不认为孩子的多动是一种疾病，甚至认为多动的孩子由于注意力分散于多个目标，其行为更具有适应环境的特点。有趣的是，截至 2009年，美国职业棒球联盟的很多球员被诊断患有 ADHD，说明这种疾病可能在某些群体中较多见，至于是 ADHD 的行为特点适合于运动类职业呢，还是 ADHD 儿童少年更喜欢选择运动类职业就不得而知了。不过我认为，上述现象可能与美国职业棒球联盟 2006 年颁布对使用兴奋剂的禁令有关，不排除玩家或运动员背后模仿或伪造 ADHD 的症状或病史，以解决棒球手们在运动中使用兴奋剂的问题，因为服用哌甲酯确实可使运动员注意力更集中、更忘我地投入比赛。

　　而在结构性社会，如当今的城市化社会，则由社会成员共同验证孩子的行为正常与否，特别是由医生、父母和教师的共同验证，孩子们的行为必须符合当下的行为规范、道德标准等，否则就可能被判定为 ADHD，因为他在课堂或集体活动中无法遵循一般的规则要求，甚至无故冒犯他人等，更重要的是 ADHD 儿童无法达到和完成学业规定的标准要求，且表现很多有悖常理的动作与行为。

　　另外的争议，就是来自对 ADHD 药物治疗的顾虑。显然，药物疗法的进步使儿童精神心理疾病的治疗受益匪浅。多数报道认为中枢兴奋剂对 ADHD 有积极疗效，可使儿童注意力集中、学习进步，且改善人际关系，兴奋剂还可以降低患有 ADHD 的儿童意外伤害的风险。然而有反对者认为，作为 ADHD 治疗的首选处方药如哌甲酯缓释片（专注达）或是托莫西汀（择思达）使用的大量增长，与药企是否存在利益关系或冲突的风险也令人担忧，因为制药行业的营销对医生处方行为确实产生着不可否认的影响。在我的门诊中，即便是家长，对使用这类药也顾虑重重，怕对孩子的大脑有影响，怕产生药物依赖，怕影响孩子的身体发育等。因此，在使用过程中擅自停药，使得疗效受限或根本无效的也相当普遍。

最新的研究和诊断标准还显示，成年人当中就存在很多 ADHD 人士，只不过是他们童年期未得到医生诊断，到了成年后因为注意力不集中、工作效率低下以及其他精神心理问题寻求医生的咨询与帮助，结果最后被判定为 ADHD；因为他们当中很多人服用了中枢兴奋剂哌甲酯之类的药物后称自己的症状得到很大改善。据估计，2%～5%的成年人患有 ADHD，大约25%甚至更高的 ADHD 儿童到了成年期仍有 ADHD 的症状。在美国有报道，成年期 ADHD 出现酗酒、生活节律紊乱、暴怒、赌博成瘾、婚姻危机、焦虑、抑郁、学习困难、高危行为、违法违纪行为的概率确实很高。于是，著名的美国《精神疾病诊断与统计手册》第 5 版（DSM – 5）就有了成人 ADHD 的诊断标准。成人 ADHD 症状与儿童的有很大不同，不像 ADHD 儿童那样躁动、攀高爬低、"人来疯"，他们更多表现为紧张、无法放松、话多、寻求刺激、脾气暴躁、嗑药等。

儿童学习障碍有对策吗

儿童学习障碍是个很难界定的问题，泛称为学习困难，凡是学习成绩不理想的孩子似乎都可塞进这个"病名框"里，门诊中因为学习成绩不好来咨询的家长及孩子几乎占到所有来诊者中的半壁江山。总的来讲，使孩子发生学习困难的原因十分庞杂，摊开来讲的话，再大的篇幅也难说得清楚，如智力发育落后、多动症、睡眠障碍、自闭症、遗尿症、情绪障碍、家庭功能不良、虐待等。

这里只谈狭义的学习障碍，指一种医学上可以诊断的独立病症"学习障碍"（Learning Disabilities，简称 LD），这种问题符合某些医学诊断标准，一般由心理学家或儿科医生来确定。这种病症主要损害孩子的听、说、读、写以及组织管理等几个能力范畴，使得他们在学习上表现为阅读困难、计算困难、拼写障碍，同时会导致孩子学习动机低下、自信不足、抗拒作业等。但他们一般没有智力低下或感知觉异常，也不是因为情绪障碍而困扰学习。他们大约占儿童总体的2%，男孩较多见，而美国的 LD 发病率报道则高达5%，甚至更高。

举个真实的例子：9 岁的男孩小明，读小学三年级，因学习成绩一直不好，而且课堂上注意力不集中，教师建议小明的妈妈带去看医生。母亲主诉道："这孩子入学以来学习成绩一直不理想，各门课很少及格，尤其是语文成绩差，识字、读写、造句等都很困难。上三年级后无法读懂数学应用题，因此数学成绩急速下降。"经检测小明身体情况正常，智力也在正常水平。我让研究生给小明做了"阅读理解测验"，结果发现他的识字和理解词汇的能力很不理想，频繁出现错读、漏字、阅读语塞、偏旁部首颠倒，如把"部"写成"陪"、"由"写成"甲"、"9"写成"6"，读同音异义字就更困难和错漏百出，概括、概念或定义能力也很差，如问到"一种有羽毛和尖嘴巴、两个翅膀，在天上飞的是什么动物"，他的回答竟是"蝙蝠"（标准答案应是鸟）。小明显然符合 LD 的诊断，同时伴有明显的不良情绪，并扬言不想再去上学。

LD 儿童不但学习成绩低下，也因长期体验学习挫败而产生自卑、人际关系紧张和不愿学习等问题。如在日本，学校恐怖症或拒绝上学的孩子中 LD 所占比例很高；而在美国，少数族裔、贫民区和社会底层儿童中 LD 更高发，他们则更容易辍学、离家流浪、违纪和加入不良少年团伙等。概言之，学习上的长期挫败经历会影响 LD 儿童的情绪状态和学习生活动机，甚至改变其价值观。

说来，对改善或提高 LD 儿童学习成绩没什么可服用的灵丹妙药，主要是靠特殊的教育指导和日常生活调节，而且父母的积极配合将起到关键作用。有条件时，可以送孩子上专门的指导班接受指导教育或训练。针对 LD 儿童的对策有以下几点建议：

第一，要保护和尊重孩子的自尊与自信，给孩子恶补、超负荷训练或是每日进行题海战术会适得其反，会使孩子产生厌恶感和逃避，更容易陷入厌学的恶性循环。父母不宜简单粗暴处置或反复揪住孩子的不良成绩横加指责，而应细心了解其学习困难的关键点在哪里，做到"扬长补短、抓大放小、顺势而为"，不宜纠结于枝端细节的小错误，而是针对主要的问题予以指导矫改，善用孩子的特长来补其短板。例如，作文或造句时利用 LD 儿童形象（图像）思维来组词或造句，亦可通过绘画表达作文意思或个人想法；或让孩子做口述录音，再重复播放并试着让孩子听写出来，再对其错字错句进行指导修改。

第二，了解和发挥孩子的兴趣点、长处与优点，用其优点或长处来弥补短板，并让他经常体验到通过自己长处获得成功的喜悦，如拼写困难的孩子可能擅长绘画，因此可用绘画方式表达词汇或个人的想法；阅读困难的孩子也可能擅长体育或音乐，发挥其特长也可获得成功。也可通过孩子的心理评估的结果了解其长短处，并通过专家意见进行针对性的指导。

第三，可让孩子练习用电脑拼音打字做作业，尽可能用大号加黑仿宋字体，视屏背景用浅绿色或浅黄色，错别字即错即改，容易错的字词可标红，并为他建立专门文档库，每次作业时打开前几次的作业温习一下，加深对易错字的印象。当然，数学题也可以用此方法试试。另外，让孩子描述自己亲历的活动或游戏内容，其中可提示按时间、事情发生的顺序、主题、主人公及配角等来叙述，此时可进行录音并播放让他自己找错或进行评价。也可用手机拍摄其活动，在播放录像时让孩子看着录像叙述其内容及做自我评价。

第四，所谓细节决定成败，孩子学习环境的恰当布置也很重要。如孩子学习时减少其环境无关刺激，学习空间相对窄小但避免拥挤，学习内容的结构化设计，增加教材的刺激性，房间墙壁保持朴素无华，三面隔板式桌椅，靠窗座位采用透明毛玻璃，课桌椅面朝无装饰的墙壁，教师或家长避免身上佩戴过多饰物等。

第五，教师可用直接行为指导步骤的方法：①评价孩子现有的能力；②每节课开始时提出一个简短的目标；③用小步渐进方式呈现新概念和新材料，每步都要孩子练习；④提供清晰而准确的指导与解释；⑤给孩子较多的练习时间；⑥通过观察，不断检查孩子对概念与词的理解；⑦开始练习时，给孩子提供明确的指导；⑧及时提供反馈与纠正。

第六，家长或教师也可用阅读和作文指导法：①时间顺序法：开始—过程—结果—感想；②"六何法"：何时、何地、何人、何事、为何、如何发生/结果如何/感想结论；③感官描写方法：要介绍什么东西，"看"颜色和样子，"闻"有什么气味，"听"有什么声音，"摸"有什么触觉，"尝"是什么味道，"想"心情如何等。即有效利用时间、空间思维和多感官通道的协同加工策略。

教育心理学还有很多 LD 的指导方法就不一一列举了，家长可上有关正规网站获取相关资讯和指导方法。总而言之，条条大路通罗马，成绩并不能决定孩子的未来，很多 LD 儿童通过自身长处和优点同样可以登上成功的彼岸。

儿童阅读障碍说得清吗

定义困难与争议

阅读障碍症（dyslexia）又叫失读症或是诵读障碍症，从名词来看，是个很不确定的描述语，就是当事人的阅读能力低下，或是阅读功能出现了"故障"，因此无法阅读，或是阅读和书写表现困难。具有这种状况的儿童和成人并不少见，目前因这种问题来看医生的孩子还真不少。

理论上，它被定义为一种大脑处理文字符号相关的神经传导障碍，导致视觉和听觉信息加工不能协调而引起的阅读与拼写障碍；但与智力高低无关，也不是视觉或听觉损害所引起的。说白了，就是一个各方面表现正常的孩子或成人不会读不会写，或是读写十分困难。

阅读障碍是所谓特殊性学习障碍（SLD）的一个典型类型，世界范围内报道阅读障碍儿童大约占总体的6%，男孩偏多，似乎以英语为母语的国家（如英语）发病率更高，如美国曾报道过为17%。

我国虽然缺乏权威流行病学数据，推测约有3%，因而研究认为，母语为汉语的儿童发生阅读障碍的比例要低得多。汉字具有以形取义（通过象形理解意思）的特点，因此识字阅读更多依赖视觉与听觉相结合，从而避开了单纯依赖听觉进行音韵辨别的困难。

阅读障碍孩子中也包括很高比例的注意缺陷多动障碍、发育性语言障碍、发育性协调运动障碍以及计算能力障碍，也不排除部分自闭症儿童。

目前国际权威诊断标准将阅读障碍列为独立的神经发育障碍性疾病，但病因庞杂，探索迄今仍毫无头绪，也无统一共识和肯定的神经病理学依据，各类病因推测与假说曾引起不少争议，相互矛盾的研究结果也很多。

2005年9月英国广播电视台曾播放过一部纪录片《阅读障碍神话》，通过访问诸多曾被诊断为阅读障碍的人士后，认为这种诊断病名和相关治疗是一种"无厘头"神话，对阅读能力的医学界定存在很多误导，使得很多被诊断为阅读障碍的儿童迫切为接受治疗而陷入困境，也使他们因带上这顶帽子而备受心理煎熬。该档节目认为，有很多研究支持阅读障碍并不是疾病现象，而是这类人具有多种不同形式的阅读能力与交流风格的表现而已。

英国教育心理学家 Julian Elliot 质疑，把阅读障碍作为一种医学疾病是不靠谱的，它仅仅是一种简单的阅读困难状态而已。Elliot 说："父母们并不希望自己的孩子被视为是懒惰、粗心大意或是愚笨的，如果他们被医学诊断为阅读障碍，则向世人告知这种疾病与智力发育无关。"

Elliot 认为，不同智力水平的儿童都会遇到阅读困难，并为阅读而竭尽所能去努力学习和苦苦挣扎，而医学的介入，不可避免地存在诊疗与测评资源的浪费。阅读困难孩子都可通过因人而异的教育补偿得到帮助，因此针对不同儿童实施教育补偿才是靠谱的策略。

综述相关研究，2007 年萨里大学的 John Everatt 教授建议：

（1）有必要通过心理评估将阅读障碍儿童的优缺点查出来，再与其他阅读成绩低的孩子区分开来。

（2）阅读障碍儿童在创造力、空间记忆和空间推理方面的测验往往比其他儿童（包括未受损儿童）得分高得多。

（3）阅读障碍儿童的词汇和听力理解测试也比其他类学习障碍更好。

（4）阅读障碍儿童可以通过教育干预得到更好的帮助，其中包括针对技能的补救措施。

表现特点

（1）识字方面。认字与记字困难，刚学过的字很快忘记；错字连篇，写字常多一画或少一笔；搞混形近字，如把"视"当"祝"、把"部"当"陪"、把"姐"当"租"等；常搞混发音接近的字；学习拼音困难，如常把 Q 看成 O、把 p 看成 q、把 b 看成 d 等；镜像书写，经常颠倒字的偏旁部首。

（2）读写方面。朗读时增字、漏字或是跳行；朗读时不按字阅读，而是随意按照自己的想法来读；读着读着不知读到哪里了，且好用手指指着读，阅读速度慢，容易出现"语塞"或是"卡顿"；听写成绩很差，造句和作文困难，词汇贫乏，作文过于简单，笔体凌乱，作业面脏乱，抄写速度过慢等。因此对数学应用题理解也困难，导致数学成绩低下。英语国家阅读障碍的孩子则通常表现为语音辨别困难。

（3）行为方面。讨厌和逃避语文课及阅读书写，手眼协调不太好，做作业容易感到疲劳，语言理解和表达不太理想，注意力不太集中，背诵、朗读或学习外语困难，阅读速度过慢。

可能的原因

阅读障碍的原因极为庞杂，也是个很难说清的问题。纵览国内外相关研究报道，涉及的原因包括遗传、高危出生史、脑神经发育性损害、音韵辨别障碍、快速命名困难、选择性抑制困难、工作记忆障碍、阅读时的错误眼动等不一而足。

有一种进化理论认为，人类具有阅读功能的进化史极短暂，通过识别符号来进行交流的历史则更短，故而大脑未来得及建立起相应的神经网络和相关机制。例如，至今在世界很多国家和地区多数人基本不用将语音转化为视觉符号进行交流，也用不着阅读技能，因此也没阅读障碍一说，那些没有文字的民族或亚文化群体压根不需要阅读。

人类自从直立行走和奔跑狩猎以来，其小脑（主要调控身体平衡）比原来增大了三四倍，但因生存和发展所需，大脑优先发展感知和运动皮层，因而小脑与前庭平衡力相适的功能及其成熟度就相对滞后，使得大多数正常幼儿表现出与年龄相称的"阅读障碍"症状和小脑—前庭的成熟延迟。随着身心的发展，许多儿童可弥补上小脑—前庭相对迟熟的症状和体征，而阅读障碍儿童则因弥补能力不足促发症状。

静老师说

毕竟，儿童阅读能力的好坏没有一个明显界限，阅读能力基本是个连续谱，低端的儿童可能就被冠以阅读障碍。入学后，这些孩子并不知道自己和别的孩子有什么区别，随着学习难度增加，他们会遭到教师批评和向家长"投诉"，也会受到同学们的负面评价，因此他们更多地会体会到自己"很差"，而看不到自己的优势和"强项"是什么。这些日常经验，会给阅读障碍孩子带来困扰和退缩，觉得自己真的很笨，从而加深对阅读的恐惧与排斥，陷入恶性循环。

不良的自我意识会导致这类孩子学习动机趋弱，或继发情绪困扰，或出现学习焦虑，或出现学校恐怖和拒绝上学。这些状况显然会影响到他们的自尊与自信，也会间接影响到他们的社会交往。

儿童数学困难是一种病症吗

什么是计算障碍

有些孩子，似乎一生下来，数字就和他们过不去，自幼数数吃力，分不清 7 和 9 哪个大，总记不住家里或是父母的电话号码，上学后数学成绩一塌糊涂，无论接受怎样的指导和补习，都无济于事。

这种情况很可能是一种鲜为人知的学习障碍：计算障碍（dyscalculia），有时被称为"数盲症"，它是属于一种天生的"数学盲"，研究发现确有相应的神经病理学基础。患有计算障碍者占总人口的 5% ~ 7%，说明其发病率并不低，与阅读障碍发病率差不多。

"dyscalculia"一词最初源自 1940 年代，1974 年捷克斯洛伐克心理学家 Kosc 将其定义为"数学能力的结构性障碍"，认为计算障碍是由大脑某些部位的功能损害造成的，而不是智力低下或是"弱智"所导致。

计算障碍被 DSM - 5 列为学习障碍的一个特殊类型，这些儿童的特点是，他们学习和掌握数字时会遇到严重困难，极难形成数字概念，难以完成日常或是学校的数学学习任务，而其他方面的智力则完全正常，在标准化智力测验上显示正常范围智商（IQ），与数字相关的测验分值则显著偏低。遗憾的是，目前学术界关注更多的是阅读障碍，对计算障碍的认识和研究并不多见，尤其是在国内，极少有学者涉足。

众所周知，孩子起初会用手指来帮助学习数学，提高数学能力。比如在数物体的时候会用手指帮忙。如果大脑对手指表征不敏感（大脑无法识别手指），或者说对数的概念有缺陷，孩子的认知发展中，就无法建立手指与数字之间的关联。识别手指的发展缺陷，可以预测孩子的数学学习能力。

我遇到的患有此症的孩子，表现类似"右脑综合征"，他们辨别左右困难，协调运动不佳，手指触觉辨别困难（finger agnosia，一种简易的触觉测试方法），医学上也叫发育性 Gerstmann 综合征。有些患儿早年可能有吞咽困难和运动发育落后。

计算障碍的典型表现

（1）看不懂钟表时间，不会利用钟表时间做事。

（2）难以区分两个数字的大小，组织排列物品困难。

（3）购物算钱困难，无法识别零钱多少，买东西经常出错。

（4）偏向用其他图形替代数字符号，写作业时甚至用图形表达具体数字。

（5）难以掌握加减乘除法，心算困难，用加减乘除算出的数学题结果经常错误。

（6）做数学题时经常颠倒数字位置，并有数字替换、遗漏、倒转、换位等。

（7）记数学概念困难，头天学会的运算，第二天忘得一干二净。

（8）可理解书面数字，但无法应用于生活实践中。

（9）容易忘记计数，难以回忆数字的名称。

（10）辨别和区分左右困难，对空间和结构排序识别困难，有时凭猜测判断。

（11）遵循时间安排困难，理解课表/时间表困难，做事前后无顺序，经常迟到或早到。

（12）无法推算时间序列及其结果，如什么时间离开和什么时间可能到达。

（13）阅读和识别乐谱困难，运动能力欠佳。

（14）缺乏节奏感，以至于难以掌握体操舞蹈步骤。

（15）在心理上难以估计物体或距离的测量值。

（16）无法掌握和记住规则、公式和序列。

（17）无法完成靠专注力执行的任务。

（18）记地名、人名错误，辨认他人面孔困难，常叫错别人名字。

（19）可同时伴有阅读困难和注意缺陷多动障碍。

（20）计算障碍可持续到成年期。

什么原因导致计算障碍

医学界目前还不很清楚该症的确切病因。但有些可循的依据，如遗传家族史，同卵双胞胎同患率高达 7.3%。大脑研究显示，计算障碍患者额叶、顶叶皮层和顶内沟区域（IPS）激活不良，说明这些与人类计算能力相关区域的神经发育异常，这些区域的灰质减少。童年期的发育异常、语言落后、吞咽困难、运动发育不良等都是可疑病因。国外也有些报道认为，计算障碍儿童多来自贫困阶层和家庭。

至今，医学界对计算障碍的认识和诊断存在着巨大局限与困难，因为缺乏针对性的标准化测试工具与方法，且易与阅读障碍或是 ADHD 类问题相混淆。医生主要根据孩子的学习表现和行为特征来判断，例如，智力正常却无法学习和掌握数学知识，数学成绩离奇的糟糕，基本上班内垫底，而无法用任何其他原因解释。这就需要医生具备相应的知识，同时有足够的临床案例或经验来支持个人诊断。美国有所谓的"学能测验"可予辅助诊断，但由于文化差异，移植到我国使用不太合适，何况我们还没有版权。

有些心理评估工具可用来辅助诊断，如智力测试中数学测验成绩低下、工作记忆差、执行功能缺陷（常用一种叫作 Stroop 效应测验来鉴别）。这些测验中包含了语义记忆、程序概念、工作记忆等特异性较好的内容，但医生需要具备相关知识，否则无法做出解释和判断。神经系统软体征检测亦必不可少，如手指触觉辨别测试。

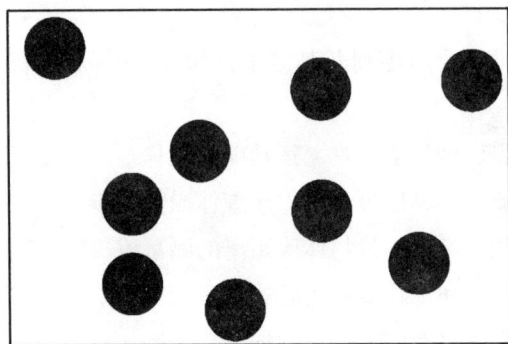

点阵图

另外，展示这幅点阵图给孩子看，让他尽快说出有几个圆点。大多数孩子一眼就能看出有多少个圆点，而计算障碍的孩子速度明显慢于普通孩子，且用手指一个一个地去数，也可能会数错。

有干预方法吗

国内外流传许多教育训练方法，良莠不齐，有些可能缺乏科学依据，有些则是以赢利为目的的"噱头"。这里推介几个可能有效的方法，供家长或教师参考。

（1）手型教学法。手型手指的使用可谓千变万化，不同手型手指的演示，可代表不同意思不同数字，可给孩子演示这些方法来比拟不同数字，从而引导加深数字的概念。有一种神经心理测试方法叫作 K-ABC，其中就有手型示范法，可用来训练孩子对数字的认识。数字闪卡也被用来训练孩子的数字记忆，但效果如何仍有争议。所有相关训练的基本前提是将数字图形化或是构造化。

（2）用操作活动与物品替代数字。把一些熟悉的物品，如玩具汽车、硬币、大小不等的积木、容器等，按照指定的数目分配给孩子，再与相应数字符予以配对来训练视觉记忆。继而反过来，给孩子各类数目不同的实物，要他按照每类实物的数目，把相应的数字卡放在实物上。操作过程中，指导者帮助孩子理解目标、行动和反馈三者间的关系，并及时予以积极反馈与鼓励。亦可结合"代币制"或是"蒙氏数学10的加减法"。

（3）经颅直流电刺激（tDCS）是一种非侵入性的，利用恒定、低强度直流电调节大脑皮层神经元活动的神经调控技术（张克英，2018）。研究发现，微弱的经颅直流电刺激可以引起大脑皮层双相的、极性依赖性的改变，从而提高孩子的认知能力。该方法本身无创无副作用，家长不妨带患儿到医院接受治疗。

（4）形体体操训练法。有经验的特教教师用身体操作游戏的形式，比拟小棒、数字轨道、扑克牌等，让孩子体会数字的意义。通过玩这些游戏，学习者能够在他们的操作中探索，例如，哪个小棒和代表8的小棒能够一起配对组成代表10的小棒。

（5）计算机训练软件应用。这是基于计算障碍特征研发的软件系统，用于计算障碍儿童教学，获得较好评价，它可在家庭或学校不受限制地使用，能摆脱学校课程安排的限制。最著名的就是"Number Race"和适应性游戏"Graphogame-Maths"两款系统，都是基于神经科学研究的适应性游戏，目前在国外应用颇受关注和追捧。

谈谈儿童"右脑综合征"

何谓右脑综合征

早在20世纪70年代，美国神经心理学家Myklebust将儿童学习障碍分为言语型和非言语型两大类，并根据脑半球功能的神经心理特点，将非言语型学习障碍称为"右脑综合征";顾名思义,就是认为这类儿童的右脑半球的功能失调或是出现了某种障碍。他所描述的右脑综合征儿童突出表现为:视觉空间不良、运动和社交技能困难,有时无法理解非语言提示,如他人的面部表情或说话语调,在校学习时伴有明显的计算困难和书写障碍。具体来讲,这样的孩子具有空间辨别能力低下、方向感不好、手精细动作笨拙、方位辨别困难、写字持笔别扭、字体难看等表现。

目前权威精神病诊断标准里并没有纳入这种称谓和病种,只是将它归类于特殊性学习障碍范畴。这样的孩子大约占总体的1%,男孩多见,特别容易与阿斯伯格综合征相混淆。这样的孩子是相对于阅读障碍和拼写障碍来区分的,因为读写困难恰恰是左脑半球功能失调的结果,而右脑综合征的孩子当中不乏优秀的阅读者。

美国学习障碍联合会这样描述了右脑综合征的孩子(但不一定全是如此):

(1)猜谜题困难。

(2)自幼不喜欢积木玩具。

(3)难以形成量的概念和认识。

(4)动作笨拙、协调性差、很容易失去平衡。

(5)学骑自行车困难。

(6)很难掌握精细运动技能,如系鞋带、扣扣子。

(7)擅长记忆,好用语言描述运动和物体形态。

(8)容易出现焦虑、抑郁和注意力问题。

(9)不擅长人际交往和互动。

(10)解读他人肢体语言困难。

(11)辨别幽默困难,容易误解玩笑。

(12)抽象概念理解困难,只理解字面意思。

(13)人际交往缺乏距离感。

(14)容易迷失方向。

我早先修订过《学习障碍儿童筛查量表》,其中就有非言语型学习障碍的分类。我发现右脑综合征儿童为数不少,在标准化智力测验上表现操作智商偏低,行为表现很像阿斯伯格综合征,学界确实有人认为这两者可能是一种病。但凭临床经验,我认为两者存在着些许差别,右脑综合征孩子的社交困难并没有阿斯伯格综合征者的强烈,也不会持续至青春期和成年期，尤其是在智力测验上两者的智力结构并不一样。不过右脑综合征孩子遇到的困难比普通学习障碍孩子可能更加凸显，例如，他们因动作笨拙而容易磕伤自己、穿反鞋袜、系扣子错位、穿着邋遢、行事鲁莽、平素上课做事犹如"神游"，且在人际交往和日常生活方面经常遇到麻烦，因为无法解读他人的表情和暗示，容易被教师或他人视为没礼貌、不懂尊重师长、家长教育得不好等。幸好他们可以有限地交朋友，一般具有较好的阅读能力，通过教育训练，他们的学习成绩会明显提升。

是右脑功能损害导致的吗

之所以命名为右脑综合征，是因为理论上认为，上述表现是右侧脑半球的功能失调或障碍的结果。其间接依据来自右脑损害的成人病例，如右脑创伤或是右侧脑卒中病人，他们典型表现是社交技能、韵律感、空间定位、解决问题技巧，以及识别非语言线索方面有缺陷。我们早先曾对这类儿童进行人物表情识别和命名测试实验，发现他们的成绩比普通儿童要差得多，意味着其右脑主要负责识别人面孔的中枢——梭状回的功能受到损害。

人的视觉空间识别取决于空间定位能力及其水平，儿童右脑半球功能失调时，容易导致空间认知障碍，如方向感差、容易迷路、手眼协调困难、磕碰绊倒、触觉辨别不敏感等，若让这样的孩子在白纸上画人，他们通常表现持笔别扭、画线不连贯、人物线条简单粗糙、绘画表现幼稚、不会利用纸张空间等特点。确有实验证明，这些是右侧脑枕叶底部和上部及与颞顶联合区关联投射的神经网络功能失调所致。

静老师说

如果你家孩子自幼表现上述症状，无须过分焦虑紧张，最好找专业医生检查诊断一下，并接受专家的指导咨询。这样的孩子主要靠教育指导和运动训练来提升个人能力；如条件许可，可接受所谓的个别化教育方案，其中包括评定孩子现阶段的能力水平，制定年度教学目标，调整教育环境及指导内容，以及相应的特殊教育指导等，可由教育学方面的专家指导实施。无结构化的户外运动和游戏也是补充治疗的方法之一。

孩子为何容易网络成瘾

　　网络化洪流的冲击一直改变着人们的生活方式，"低头族"成了这个时代特有的现象，无论是在家里还是在公共场合，人们大都旁若无人低头看着手机，过度依赖手机甚至影响到与家人和身边人的人际关系，可谓"虽在咫尺，犹隔天边"。当然，手机或网络游戏也深深吸引着儿童青少年，有些孩子也因此陷入网络游戏中无法自拔，成为符合医学判定的"网络成瘾"（Internet Addiction，简称 IA 或网瘾）。

　　我国虽未做过全国性调查，但区域性数据显示，儿童青少年网瘾发生率据报道约为 10%，男性显著高于女性；世界各国儿童青少年的网瘾发生率也大致如此。这些年，由于孩子的网瘾而登门看病的家长逐渐多了起来，家长的愤怒与烦恼是可想而知的。

　　医学对网络成瘾的定义："网络成瘾指个体反复过度使用网络导致的一种精神行为障碍，表现为对网络的再度使用产生强烈欲望，停止或减少网络使用时出现戒断反应，同时可伴有精神及躯体症状"（陶然，2008）。美国 2013 年颁布的权威诊断标准 DSM－5 也将网络游戏成瘾纳入精神疾病范畴；随后，2018 年 6 月 18 日世界卫生组织（WHO）发布的《国际疾病分类》第 11 版（简称 ICD－11）也正式将游戏障碍，包括网络游戏障碍和线下游戏障碍纳入疾病分类体系，并归于物质滥用和成瘾性行为分类中。

　　为什么儿童青少年容易成为网瘾的"俘虏"呢？

　　我们知道，儿童期情绪发展的核心就是"快乐"，在此期间大脑里不断释放着快乐因子多巴胺，这是人类成长期大脑的本能释放，因此儿童无时无刻不沉浸在嬉戏打闹中，他们的大脑只有一个想法：促进多巴胺的分泌。有了多巴胺，大脑里亢奋的信号会迅速传递和蔓延，它是儿童兴奋和欢愉的情绪源泉。多巴胺的释放会激活我们大脑里一种叫作"奖赏环路"的神经通道，它的兴奋会使个体不断产生"自我奖赏"动机，从而不停地重复受到奖励的行为，"成瘾"可以理解为一种自我犒劳的行为。

　　奖赏环路神经的兴奋具有"正"与"负"两方面的作用，它的导向可导致完全不同的行为结果。如正面作用可使人们积极适应社会，从事喜欢的劳作，助长个人兴趣爱好，促进孩子的学习和自我勉励等。负面作用则是指影响到正常生活学习的某些成瘾行为，如赌博、网络游戏成瘾、毒品依赖、沉迷色情网络、吸烟、酗酒等。有时，儿童的成瘾性自伤、强迫行为、偷窃、撒谎、虐待动物、欺侮他人、恶作剧等也带有"自我奖赏"特点，即奖赏环路的负面作用会使当事儿童不断重复上述行为，以至深陷其中而无法自拔。

当儿童陷于网瘾时，多巴胺释放增强，使孩子沉浸在网瘾带来的快感中，这种兴奋与快感具有压倒一切和不可遏制的冲动性，使他们陷入欲罢不能的境地；一旦终止这种刺激，由于多巴胺的分泌突然减少，会使当事儿童产生沮丧、愤怒和抑郁情绪，为了获得欣快感，不得已病态性重复原有行为，即成瘾行为。此时，作为父母，不妨从孩子手里夺走手机试试，我想大部分孩子，尤其是已经成瘾的孩子，肯定会大发脾气、暴跳如雷、哭闹、攻击，甚至扬言要自杀等。网瘾的危害性还在于，它不断萦绕于孩子的脑海中，剥夺孩子的其他兴趣爱好，导致其无心学习、无心交际、蜗居不动、社会退缩、郁郁寡欢，感到生活无趣，甚至出现其他物质依赖等。

随着网络宽带技术的出现，目前另一构成人们成瘾行为的诱因便是视频游戏，对它的成瘾可罹及儿童乃至成人的世界。最著名的例子，便是美国的一位大学教授陷入视频游戏而毁掉了自己的生活，作为具有神经科学研究背景的医生，在 9 年的时间里竟然投入超过 2 万小时在网络游戏中。以至于有人戏称，视频游戏正成为人类的"第二人生"。

不可否认，网络游戏也是一把双刃剑，好的网络游戏可启发儿童青少年的心智、愉悦其身心、考验儿童的智慧和团队合作，其实也是一种好的奖赏系统，就看人们如何把握。

至于儿童网络成瘾的原因则是十分庞杂的，很难一言而蔽之。除了可能存在的生物学原因外，还有社会心理因素的影响，如网络内容的吸引力、网络的易获性、儿童内向人格、生活挫败、学习压力过大、家庭功能不良、父母责任缺失或角色不当等均可增加儿童网络成瘾的风险。

漫谈儿童口吃

电影《国王的演讲》讲述了英国王位继承人艾伯特王子患有严重的口

吃，无法当众讲话或发表演讲，并且令他接连在大型会议或仪式上因无法进行语言表达而丢丑和尴尬不已。妻子伊丽莎白为了帮助丈夫克服口吃，到处寻访名医，但均无功而返，后来结识了语言治疗师罗格，并在他不懈的治疗与帮助下，国王艾伯特克服了口吃障碍和心理恐惧，在"二战"临近前，面对全国人民发表了鼓舞人心的演讲。英国前首相丘吉尔也曾是严重的口吃者，后来凭借坚强的毅力克服了口吃，并成为一位伟大的政治家和演说家。

口吃俗称结巴或磕巴，是一种言语障碍，表现为交流时语言语速频繁而非自愿地停顿、重复或延长暂停，并且有语音、音节、单词或短句各个环节上表现异常或被扰乱。口吃通常多见于儿童，尤其是2～5岁语言快速发展阶段，有的可延续到青春期，成人中也不少见，至少20%的口吃患儿持续至成年期。据估计，全世界约有7 000万人罹患口吃，约占世界人口的1%，其中男性大约是女性的四倍。据报道，在西部非洲国家的口吃发生率最高，而讲普通话的汉族里则低得多，所以我国迄今没有相关流行病调查。一般而言学龄前儿童的口吃，70%以上都可恢复，即使到了青春期也会逐渐得到康复，女性的恢复率高于男性。

口吃的儿童，随着年龄增长和自我意识增强，还会出现对特定音素、字和词的表达恐惧，甚至对特定情景也产生恐惧、焦虑和紧张，因而当着他人讲话会害羞，害怕说话时出现"失控"的感觉。在团体活动或公共场合，口吃儿童容易成为他人讥笑和欺侮的对象，从而加重其恐惧和口吃。一些儿童口吃会因场合而变化，在家或玩游戏放松状态下交流如同常人，但在教室、正式场合、打电话、面对教师或陌生人、当众朗读或讲演时就口吃，同时伴有紧张焦虑和抗拒说话的表现。口吃还会出现连带动作，如攥拳、扭脖子、努嘴、清嗓子、抿嘴、咬嘴唇等，同时话语中夹杂很多"嗯""啊""哎"等无关音节。有些儿童的口吃有很大变异性，时好时坏，如跟同伴一起朗读、唱歌、私下自言自语、与宠物或年龄小的孩子交流时流利如常。

口吃儿童的问题不仅仅是口吃本身，他们还会为之付出巨大的情感代价，大都伴随自卑、羞愧、自责、内疚、愤怒、自我意识不良等负面情绪，甚至对自己形成歪曲而固化的负性评价，总觉得自己愚笨，处处不如他人，因而回避交往；如若持续至青春期或成人后，也会影响到人格发展，甚至影响到个人恋爱、婚姻、就业以及晋升等。

口吃的确切病因至今不甚清楚，一般认为与遗传、家族史、神经系统的某些异常等因素有关；神经影像学研究发现，口吃者的语言功能脑皮层、前扣带回、前岛叶、基底核、小脑、边缘系统等区域激活异常。还有研究显示，孩提时出现的持续性口吃，可能与左脑语言中枢发育异常，造成大脑皮层与说话能力有关的神经网络建构不良有关。最近还发现，在患有口吃的成年人中神经递质水平会升高，据此可通过调节神经递质而减少口吃的频率，但干预效果还与被激活的多巴胺受体类型有关。有些成人继发性口吃则可能与头部损伤、脑部肿瘤、中风或药物副作用等有关。此外，儿童口吃的形成，不排除社会心理因素的影响，如紧张、应激、口腔咽喉病症、模仿口吃者、遭受虐待等因素。如在我的经验里，有数例儿童的口吃是因为父母将其左利矫改为右利时发生的，家族或周边人或伙伴有口吃者，孩子也容易通过模仿而落下口吃；另外，在孩子3～5岁时学第二种语言或掌握双语（如移民），也有可能加重口吃，而且一旦出现口吃，矫治起来也困难些。

针对儿童期口吃，父母须采取哪些措施呢？以下方法被认为是医学干预较有效的：一是语音塑型法，强调拉长语调、音节，缓慢而有节奏地说出句子，每句话的开始轻柔地发音，以改变口吃儿童首字发音经常很急很重的特点。二是听觉反馈法，就是让口吃孩子与他人共同唱歌、说歌谣、朗诵，经录音后屏蔽其他人的发音而留下口吃孩子的发音反馈，再行模仿练习。三是呼吸放松法，就是让孩子说话前深呼吸，使全身肌肉和口肌放松，可达到松弛、缓和身体各部和颜面肌肉的紧张，亦可消除无关伴随动作，也能使紧张和焦虑得到缓解。这种训练也可在日常交流中夹杂使用，如让孩子说一句—停一下—深呼吸—再说，一般鼓励用腹式呼吸。四是认知行为疗法和团体支持疗法（自助疗法），多用于成人口吃的矫治。五是药物治疗。其实并没有什么药物可以治疗口吃，只是发现一些抗多巴胺类药物（多巴胺拮抗剂）能够改善口吃，如氟哌啶醇、利培酮或奥氮平等。不过目前美国食品药品监督局并未批准这些药物用于口吃治疗。

当发现孩子口吃时，父母勿简单粗暴地训斥或忙于矫正，或对孩子说的话每一字每一句都横加干涉或干预；要孩子说话清晰，父母首先说话要清晰、缓慢、流畅、不逼不催、不急于矫改孩子的发音。在孩子开始学说话时，父母是最好的教师，这也取决于父母的知识水平与养育态度；在家里尽可能保持一种语言交流，若夹杂多种方言也容易导致孩子说话出问题。若儿童口吃较严重且到了学龄期，则需要由医生判断和进行早期综合干预，且事先有必要由语言病理学专家进行评估。语言的许多治疗方法集中在学习策略上，如通过语言减速、呼吸调节以及逐渐从单音节发展到较长单词的练习，最后练习更复杂的句子来缓解口吃。当然，其间通过一些可行的措施来减少儿童的紧张与焦虑是必要的前提。并没有可靠证据证明剪断舌系带之类的做法，能改善孩子的口吃或语言问题。

孩子"挤眉弄眼、做鬼脸"带来的烦恼

就诊儿童中常因"挤眉弄眼、做鬼脸"来访的不少，且有增多趋势。儿童不自主的头面部各种抽搐、扭脖子、缩腹、发出怪声等行为叫作抽动症，是儿童精神心理科最常见病症之一。抽动症在学龄儿童中多见，也可能发生在学龄前期的孩子，男孩多发，起初表现轻微时多被父母误解为眼睛不适、鼻炎或感冒带去看医生，后来发现孩子频繁面部抽搐和做各种"鬼脸"，焦急万分，到处找医生看病。

抽动症是一种常见于儿童期的神经发育障碍性疾病，主要表现是突然、重复和非节律性的肌肉抽搐或发声抽搐，如频繁地眨眼、努鼻、抿嘴、清嗓、点头、翻白眼、发声、摇头、耸肩、咳嗽等，抽动发展顺序多为头面部—颈部—肩部—腹部—上肢—下肢—全身。病程几周至一年内自愈或经治疗而愈，这种情况叫"短暂性抽动障碍"，而持续一年以上且症状趋于严重的叫作"慢性抽动障碍"或可诊断为"抽动秽语症"（妥瑞症），疾病顽固者可延续数年甚至到成人期。抽动症状的发作是下意识的，很难有意识地自我控制。一般来讲，大部分抽动症病程相对较短，随着孩子年龄增长，到了青春期后症状会自动缓解或消失，这与其脑功能发育的成熟有关，如大脑额叶的成熟会自然控制很多冲动或抑制行为，所以成人抽动症比较少见。

抽动症虽然是一种独立的疾病，多见于普通儿童，但也与多动症、学习困难、遗尿症、自闭症、情绪障碍等疾病伴发，尤其是高功能自闭症。抽动症孩子的个体差异非常大，发病原因和机制亦十分复杂，诱因也不尽相同；早先认为是与大脑基底神经功能失调有关，一部分被证明具有遗传倾向，且可能与链球菌感染有关。另外，具有过敏性体质或免疫功能紊乱

的儿童不但容易患抽动症，也易加重症状。近年来的研究表明，家庭和环境因素起着明显的诱病"扳机"作用。

抽动症的负面影响不只是抽动症状本身，而是该症对儿童本人、父母以及周围人们的情绪心理造成的影响。如孩子出现抽动症后会对其本人、学习以及家庭带来的诸多影响或麻烦，同时它会使孩子合并其他情绪和行为问题，如频繁发脾气、攻击行为、注意力不集中、自我意识不良、遭同学讥笑或排斥、学习成绩下降、师生关系紧张、睡眠质量不佳等。

压力、强烈刺激、生活事件等是当前诱发儿童抽动症的显著因素，因此我常说"抽动症是儿童对压力的一种反抗表达"。这些因素具体包括：早期母子依恋关系不和谐、父母期望值过高、过早超负荷早教、学业课业压力大、生活事件过频、儿童人际交往不良或人际关系危机等，容易导致所谓的急慢性"应激"反应，就是过度焦虑和恐惧导致的情绪压抑，这些经历可成为儿童早期的"创伤性体验"印刻在记忆中，以后的某些生活经历或刺激有可能起到"扳机"作用，诱发抽动症。

有些抽动症孩子对生活环境的某些刺激特别易感，例如，感冒嗓子发炎、过敏性鼻炎、游泳时染红眼病、眼睛或身体疲劳、惊吓或过度兴奋、肠胃不舒服、着凉、冷热交替过激，甚至睡觉落枕、吃辛辣食物等，都可能诱发抽动症或加重症状。另外，长期过频地观看视频或依赖电子游戏也会加重抽动症状。

我还发现，一些学习好和乖巧的孩子也会出现抽动症状，即儿童在学习和生活上"过度自勉、过度克制"也会诱发类似强迫症的抽动症状，不排除这些孩子过度背负了父母和教师的期望，但这类儿童的症状缓解较快，因此干预的关键在于对父母和教师进行有效的指导，让他们学会如何为孩子减负、减压。

如何应对儿童抽动症呢？其实，大部分抽动症是轻微的，完全不需要治疗，如对于短暂性的抽动障碍，若未影响到孩子的日常生活及学习，大可不必治疗或干预，更不建议用药。勿轻易用药是须坚持的一个原则。对父母进行指导，调整和改善儿童生活起居才是首要做法。

抽动症的治疗，内外因两个方面都要考虑，如家庭功能指导、父母咨询、学习环境调整、生活方式指导、教师指导都是必要的环节。若医师只懂得开药，而不懂得有关心理行为知识，则疗效通常是事倍功半，甚至导致抽动症反复地发作。我的经验是，医师就上述生活学习细节方面能提供良好的咨询与指导，并且能得到家长的积极配合，孩子的抽动症状都会得到明显缓解和消失。

第一，父母要控制和避免表现过度焦虑，也不宜当面呵斥孩子的抽动症状，不要对孩子的抽动症状过度关注和过度干预，否则孩子的抽动症状更容易加重。

第二，悉心了解引发孩子抽动症的原因，控制和消除诱因。如减缓孩子的压力、避免简单粗暴、父母期望值适当、控制不当的早教或超负荷学习、营造良好家庭氛围、营造孩子良好作息时间，同时也可积极与班主任沟通，得到教师的理解与关照等，都是值得去做的事情。前面所述的"扳机"诱因，在家庭中还是可以控制的，这要父母用心且持之以恒地去做才会奏效。

第三，户外自由活动对控制抽动和消除不良情绪都有好处，运动量及强度需根据每个孩子体质情况来确定。运动训练具有一定缓解作用，体质好的孩子户外运动量及其强度可大些，会起到有效控制抽动的作用，同时也会改善其情绪。但是，运动疲劳或体质弱的儿童反而会因运动过量而加重抽动症状。特别建议，保障孩子的良好睡眠质量，加强孩子的户外活动及同伴游戏活动，都能有效控制孩子的抽动症状。

第四，膳食营养方面，补充维生素是个可行的方法，但也并非"放之四海皆适用"，也得看孩子体内是否缺乏相关维生素。至于忌口食物，也要因地制宜，根据生活习惯以及个人条件来实施，比如广东地区，辛辣或"热气"食物，或是老百姓所说"容易上火"的食物要适当控制，热天急喝冷饮，或含糖、含添加剂的饮料等均需要加以控制。同时，这些孩子不宜过多看视频，包括手机及电子游戏等。

第五，父母带孩子看抽动症动辄用药是个十分不可取的做法。因为目前可供控制抽动症的药物品种并不多，且多有副作用，一旦用药则需要长期坚持服用，否则抽动症状的反复和反弹非常普遍，再用药时要么换药，要么加大剂量，副作用也增大。除非抽动症影响到孩子的日常生活和学习，且父母因此过分担忧和焦虑，家庭生活质量受到影响，则建议适当用药治疗。

用药原则是，一旦用药，通常需要长期坚持用最低剂量的药物治疗，症状缓解或短暂消失并不是停药的指标。很多家长怕药物有副作用或其他原因，难以坚持下来，症状稍缓解则立刻终止服药。确实，某些抗抽动的药物如氟哌啶醇，会引起急性肌张力增高现象，导致父母出现恐惧和焦虑，因而往往未经医师诊疗就擅自停药。擅自停药的不良后果是，孩子的抽动会出现反弹，再次出现的症状较以前可能会更严重，若再用原来的药物及剂量，就无法达到原有的效果。

近来发现，具有过敏性体质的儿童也容易出现抽动症，如过敏性鼻炎、过敏性咽炎、过敏性皮炎、哮喘等。因此，对这类儿童需要尽可能地控制过敏源。

孩子一旦出现抽动症状，家长大可不必惊慌而乱投医，切忌擅自找"江湖"医生胡乱用药，一味地追求"短平快"来控制抽动症状，并轻易服用药物，我并不支持这样的做法。一般性的抽动障碍，家长遵照医生的指导并对儿童生活和学习进行适当调整，大都可以得到缓解和消失。当然，家长的心态调整也是十分重要的。

尿床儿童的烦恼知多少

记得有一部美国电影叫作《最孤独的长跑者》，据说是真人真事改编的故事。主人公是一个十多岁的男孩，每晚入睡后都会尿床；孩子的母亲为了惩罚他，不仅经常言语指责和羞辱，每天还把他尿湿的床单挂到阳台上晾晒，想让放学后路过的学生都能看到，以此来惩戒儿子的尿床行为。伤及自尊的男孩为了不让同学看到晾晒的床单，每天一下课便疯狂地往家跑，赶在同学们走过家门前收回床单。这样日复一日、年复一年地往家不知疲倦地奔跑，为的就是保住自己可怜的自尊。未曾想到的是，正是这样常年孤独的奔跑，男孩竟然将自己锻炼成一位优秀的马拉松运动员，最后还参加奥运会获得了金牌。

现实中，尿床儿童并没有这种"运气"，尿床会给儿童带来很多困扰和心理压力。本来，儿童尿床是常见现象，5 岁以后仍有不自主的尿床现象，医学上称作"遗尿症"，一般为原发性遗尿，极少有器质性病理学原因；部分则具有家族史，尤其是学龄期遗尿儿童，其父母一方可能童年期也有尿床经历。尿床较多见于 3～8 岁儿童，年龄越小则尿床的次数越频，男女比率差不多，有的可持续到青春期及以后，甚至有报道称有 2% 的成人也有尿床现象。当然，大部分儿童的尿床会随年龄增长而自然缓解和消失。

儿童原发性遗尿一般是因为大脑控制排尿的神经中枢发育未完善，无法通过脊髓神经抑制排尿，从而入睡后膀胱无抑制性收缩而遗尿。有研究报道，学龄期儿童尿床同时会有各种心理方面的诱因，如梦游、睡眠不宁、情绪困扰、亲子关系不良、学习压力大、童年期排尿训练不好、家庭关系紧张、父母吵架或离异、经常遭受父母的惩罚与羞辱等。心理学家报告称，尿床儿童的心理伤害取决于自尊心的伤害和社会技能受损的程度，且与如下因素有关：

（1）孩子寄宿学校、参加集体露营或到同学家借宿。

（2）社会排斥的程度。

（3）父母的愤怒、惩罚、拒绝和排斥。

（4）尝试治疗的失败次数。

（5）孩子尿床持续至青春期等。

的确，儿童尿床会给父母及孩子本人带来极大烦恼。父母会采用各种方法试图戒除儿童尿床，有些方法十分不可取，如频繁夜间唤醒孩子如厕、粗暴训斥或羞辱、强迫其穿纸尿裤、厌恶性说教、讲道理等；尿床的儿童也会受到兄弟姊妹的讥笑与排斥，若被同伴知晓则会经常遭受嘲笑和各种恶作剧式的欺侮。这些情况显然会给当事儿童造成心理阴影，伤害其自尊心，可能会导致更多其他心理行为问题。调查显示，遗尿症儿童多表现为自卑、焦虑、社会适应不良，甚至继发较严重的精神心理问题，且可持续到成人期（沈颖，2013）。

父母采取的主要方法多为夜间定时或不定时唤醒孩子上厕所，然而这种做法形同于"选择性睡眠剥夺"，时间一长，自然会影响到儿童神经心理发育，继发注意力不集中、情绪低落、学习成绩下降、自卑甚至是罪恶感等。我的经验是，有些注意力不集中、学习不良而就医的儿童，原因恰恰是夜间尿床及频繁被唤醒如厕所致。考虑到"两害取其轻"，我一般建议父母不必夜间唤醒孩子如厕，而应在其他预防干预方面做好工作。

恰当的做法是：首先，父母控制好自己的心情，切不可用简单粗暴或羞辱的方式试图制止孩子尿床，这种做法往往会适得其反。学龄前儿童尿床相当普遍，这个年龄段无须特别干预，主要培养孩子的规律排便行为即可；对学龄儿童则建议睡前2小时控制喝水，并训练睡前排空尿液。行为治疗的正强化法是：让孩子自己记录尿床情况，早晨让他自己清理床单，若未尿床则予以适当奖励。

其次，尽可能了解和消除诱发尿床的因素。据相关研究，诱发儿童尿床的因素包括：睡前作业量大、睡眠规律紊乱、鼻炎引起的呼吸不畅、腺样体肥大引起的睡眠呼吸不畅、会阴部尿路感染、情绪不良、便秘等。

再次，尿床警报器在国外应用较多，但警报器需要专门设备，目前国内应用得较少，有条件的家庭不妨自购试用。闹钟唤醒训练虽然有一定帮助，但是闹钟唤醒训练需要长时间的教育指导、鼓励反馈和长期随访，因此取得孩子和家长的积极配合尤为重要。

最后，对于学龄期儿童少年较顽固而持续的尿床可考虑药物治疗，如目前用得较多的是抗利尿激素、去氨加压素等。

对儿童遗尿症的治疗，不宜简单以缓解尿床症状为目的，更应重视保护儿童的自尊心、促进其情绪的改善、提高其心理和社会适应能力。治疗方案要根据儿童遗尿程度、生活习惯、心理因素、自我意识、家庭关系、家长的期望以及儿童对治疗的依从性、耐受性等方面综合考虑。必要时，医生要与家长及尿床的孩子共同制定干预方法和实施步骤，医师的鼓励、儿童的参与和家长的坚持对于治疗成功至关重要（沈颖，2013）。

第二章　教授与你面对面

——没那么简单的行为问题

孩子不停洗手为哪般

小亮和他母亲的烦恼

10 岁的小亮是名小学四年级的男孩，被母亲领进咨询室时略显紧张，坐在我对面有些不自在，但认知和与我互动良好，问答得体，并未表现出任何异常情绪与行为；反而母亲在旁边显得坐立不安，欲言又止，两眼一直焦虑地盯着孩子看。

我让母子分室而坐后，母亲叙述道："我的孩子最近半年来每天要多次反复洗手，并且不断唠叨自己怕受到细菌病毒污染，尤其是从外面回家第一件事就是跑到洗手间不停洗手，而且不用毛巾擦拭，硬是抖干水为止，最近因为不停洗手、怕被污染、反复检查书包等行为而导致拖延作业、拖延做事、上学迟到等，父母训斥和制止时他就发脾气，不做完就决不罢手；平时去学校一定随身带着湿纸巾，落座前一定擦净桌椅再坐下来；至于学习和在校行为没什么问题，教师也没有特别反映或投诉。"显然，小亮的情况属于儿童强迫症。

强迫症是怎么回事

强迫症实际上是一种精神心理障碍，当事人不可遏制地反复而费时地执行某些程序化的行为、动作（如小亮反复不停洗手、检查书包），或反复非理性地思考一些固定的问题（如小亮怕被细菌污染），有时达到穷思竭虑的地步。

大约 2% 的儿童会受到强迫症的影响，多见于 8～14 岁的孩子，男孩则出现得更早，且症状比女孩严重。

儿童强迫症一般表现为强迫动作和强迫思维两个方面，强迫动作表现为不停重复某些仪式样行为，如反复洗手、反复检查、反复计数、反复排序、反复整理书本、走固定线路、反复记车牌、记地铁站名、睡前摆正自己的鞋、强迫自己做事前先完成一个动作（如看一下门框再做作业等）；强迫性思维则表现为过度侵入性的、非理性的，殚精竭虑地思考一些令人费解的问题，如超级病毒毁灭人类怎么办、有无外星人、爸爸出门会否出车祸、自己是否是妈妈亲生的、自己或家人会否得癌症、反复默念或祈祷等，儿童强迫症表现形式繁多、数不胜数。

譬如，此前我遇到过一个强迫症孩子，则是不停地思虑"我踩裂了家门口的一块砖，这会否让妈妈绊倒摔断腿"，父亲不得已带着他换掉了那块砖；谁知孩子接着又说起家门口路上有个裂缝也是个大问题，也可能让妈妈摔倒，因此每天上下学都要去看看那个裂缝，使得父母抓狂不已。

儿童强迫症表现还包括：捻头发、拔体毛、咬指甲、抠吃鼻屎、开关灯、抖腿抖手、反复抠伤疤、不停搓手、数马路灯、数地砖走、抱东西才肯入睡、洗澡不停搓洗（使得沐浴露消耗过快）、看钟表定点出门上学、囤积物品、积攒卡片钱币等。有时很难与儿童自闭症、抽动症的表现重复刻板行为区分开来，也可能两者并存。

值得父母反思的诱因

强迫症的原因比较复杂，可能是遗传和环境相互作用的结果。例如，有强迫症病史的家庭，孩子也容易出现强迫症，这方面最近还得到了基因测序的证明。

还有一个假说具有争议，认为儿童强迫症发作可能是由 A 组链球菌感染引起的，并称其为链球菌感染相关的自身免疫性神经精神疾病。因此，这种孩子如果感冒、嗓子发炎时容易诱发或加重强迫行为。

有意思的是，进化心理学认为，人类适度的强迫行为可能具有进化优势，例如，不断检查卫生、检查炉灶、检查线路的安全性等。同样，囤积物品是食物储存行为进化的结果，强迫只不过是这种行为的极端表现形式，人类的进化时至今日变异出了部分易感基因，遇到环境刺激后基因功能被激活而表现出强迫行为。

话归正传，谈谈眼下易诱发强迫症的家庭方面的主要因素：

（1）刻板养育：父母的刻板养育方式的确容易使儿童养成刻板和强迫行为，如过度强调孩子按时按点做事、作息，且容不得半点误差，若未执行则严苛批评且坚持让孩子做好，在对孩子下指令时处处警示或提示、严格要求孩子绝对服从和完满执行才了事，事后免不了一通说教、说理。这种父母不仅自身有盛气凌人、完美主义的强迫特质，也好以道德卫士和模范榜样自居而居高临下支使孩子，有时喜好当众给孩子下指令，颇有点表演、示人的意思，暗含向他人标榜自己是多么有责任、讲原则的父母，浑然不知自身的人格和行为缺陷为何物。不难推测，这种家庭的孩子会遗传父母的人格特质而形成易感素质，父母的刻板养育在其发病上起到了扳机作用。

（2）养育焦虑：据王东岳先生"递弱代偿"的观点，现代父母养儿育女就具有明显的"递弱代偿"趋势，意指如今养一个孩子的成本远远高于从前，父母不仅水涨船高地投入更多资源和财力来培养孩子，而且在精神和精力上不遗余力地投入关注和干预；如目不转睛盯视、不停地提示、过度保护和呵护、孩子放学回来不停地探问、身体稍有不适就一惊一乍，其结果是养娃越养越焦虑，最后父母投射养出一个焦虑特质的孩子，焦虑的儿童更容易出现强迫行为。

（3）某些疾病：自闭症或阿斯伯格综合征儿童除了以刻板重复行为为特点外，同时合并强迫症的概率也很高，有时很难区分其刻板和强迫行为。另外，抽动症的孩子也容易合并强迫行为，表现为与其抽动症状重复叠加。其他发育行为障碍儿童也容易合并强迫症，如情绪障碍、智力落后、学习障碍、睡眠障碍、过敏性疾病等。

（4）完美主义：有些学习好、听话乖巧、力图表现好、经常受父母和教师褒奖的孩子容易追求完美，以求得到不断赞赏，或对称赞成瘾，会过度自勉，其实这种孩子活得很累，经常纠结于是否做错事，是否不让大人高兴，一次没考好是否被人看低，作业是否写得工整等，追求完美易使孩子陷于纠结，反成拖累，耗费大量时间不断检查，反复涂改，效率低下，丧失快乐，焦虑增加，强迫行为增多。

静老师说

总而言之，强迫症孩子的行为会耗费时间在无意义的动作和思考上，最终导致孩子的社交、学习以及生活质量受损。不得已，到了临床诊断地步就得靠药物治疗了。虽然心理行为治疗有一定的疗效，但儿童强迫症会拖延和合并其他心理行为问题，单纯心理治疗很难短期内奏效。防病于未然，上述家庭因素是值得父母反思和引以为戒的关键点。

孩子为何与自己的眉毛和头发过不去

晓丽的眉毛哪里去了

9 岁女孩晓丽被领进诊室时，皮肤白皙，显得很文静。当她走近我时，才看到她的两条眉毛光秃秃的，看着很别扭，我顿时明白是怎么回事了。

晓丽的妈妈悄悄叙述道："我家晓丽读小学三年级，平素学习好、自律强、教师评价好，还是班级学习委员呢。两个月前我发现她的眉毛开始掉毛，问她怎么回事，她说不知道；于是带孩子去看皮肤科医生，医生给开了些皮肤病药膏涂抹了一阵，但并不见效果，近来眉毛越来越稀疏。前几天晚上她做作业时，我从门缝偷偷观察才发现，是她自己不停地用手拔眉毛，且左右眉毛交替地拔。我进屋呵斥她为什么这样做，她委屈而茫然地说自己也不知道，就是不经意地拔眉毛，不拔就不舒服。"母亲十分担心就带女儿来看病，问是否是一种心理行为疾病。我告诉这位母亲，晓丽的情况属于拔毛癖，是一种常见于儿童期的强迫症。

还好，晓丽除了拔眉毛外，并无其他大碍，拔毛行为多发生在晚上做作业期间。经过一番咨询指导后，母亲如释重负地领着孩子离开了。

说说儿童拔毛癖

"拔毛癖"一词是由法国皮肤科医生弗朗索瓦于 1889 年首次提出的。拔毛癖指的是反复不自主地用手捻转、拔除自身体毛的一种行为。儿童期最常见的是用手捻转和拔头发，其次是眉毛，也有的拔睫毛、鼻毛、胡须、腋毛、腿毛、阴毛等，有的还会吞吃拔掉的毛发，所以也称"拔毛食发癖"。这种现象多发生于学龄期儿童，女孩似乎多见，有些可持续到成年期，美国报道大约 1% 的人具有这种行为。

拔毛癖是一种难以遏制的强迫性冲动行为，孩子常躲在无人的地方偷偷拔扯，并且自己知晓这种做法是令人羞耻的，但拔除时具有释放的感觉，如晓丽自己做作业时才偷偷地拔眉毛。拔毛的儿童起初通常一次一根地拔头发或眉毛，每次拔毛动作可持续几分钟到数小时不等。一旦拔除毛发，孩子会感到舒服和缓解，因此拔毛行为可持续几天、几周、数月乃至几年。

拔毛癖儿童的头发稀疏且呈不同长度，不同于斑秃（俗称"鬼剃头"）只一小块凸显脱发，而是大面积呈现破碎而稀疏的毛发或眉毛，有些是沿着前后发际或中轴出现不均匀的毛茬。有趣的是，右利手儿童可能好左手拔除左侧眉毛或头发，因此脱毛区域常不对称，常因为右手写字时不由自主地用左手捻发和拔毛所致。

拔毛行为常在紧张（如遭批评、听课、做作业、考试）、无聊或就寝时发生，可伴有吸吮和啃咬手指或捻头发，反复揪拔固定部位毛发，起初易被误诊为斑秃或其他皮肤病。有时也发生在睡前躺在床上、阅读或看电视时。

青春期后的拔毛癖孩子多伴有自卑和低自尊表现，同时会躲避社交和不愿参加集体活动，主要是感到羞耻，怕被同伴们知晓和讥笑。有些成人拔毛癖患者则怕他人关注而出门时戴帽子、假发、假睫毛、描眉，或做特殊头发造型。这种情况在当事人有压力的场所频发（如单位、学校），反而在假期或是换个环境时较少出现。有些独居的成年人的拔毛行为只有自己知道，而鲜为他人知晓。长期拔毛可导致皮癣、毛囊炎等皮肤病。

记得有一部探索拔毛癖的纪录片《坏头发人生》（*Bad Hair Life*），在2003 年获得了国际健康与医学媒体奖和最佳精神病学奖，在2004 年 Superfest 电影节获得了优异奖，有兴趣者不妨找来看看。

什么原因导致拔毛癖

拔毛癖是儿童强迫症的一种表现形式，与个人紧张焦虑、遭遇重大生活事件、学习压力等引致的情绪困扰有关，拔毛行为多是下意识缓解紧张情绪的一种方式；一般情绪紧张时拔毛行为加剧，拔除毛发后有满足感或紧张减轻感。总之，社会环境的压力与应激容易导致孩子出现拔毛癖。

遭遇创伤后应激障碍的儿童也容易诱发拔毛癖等强迫症。学习压力过大、父母教师高期望值、学习过于勤勉的孩子（如晓丽）也会出现这种行为。患有拔毛癖的成人更容易伴有焦虑障碍和抑郁症。

神经科学研究认为，拔毛癖具有相应的神经认知模型，它可导致脑神经—基底神经节发挥作用，投射到大脑额叶，形成反应抑制困难而出现反复的冲动行为——拔毛，其实就是一种习惯性疾病。有研究认为这种行为具有遗传特质，甚至有一项研究称：一种叫作 SLITRK1 基因的突变引发拔毛癣。

也不排除某些心理行为障碍的孩子合并拔毛癣，如抽动障碍、学习障碍、进食障碍、持续啃咬指甲、躯体变形障碍（BDD）、阿斯伯格综合征等。

如何处理和应对呢

儿童期的拔毛癣既然与"压力、应激"有关，缓解和消除压力显然是最主要的前提。

其一，父母勿过分关注和制止孩子的拔毛行为，避免简单粗暴的批评，而应该通过建立良好的亲子关系、缓解学习压力、避免超负荷教育或早教、让孩子养成劳逸结合的生活习惯。有拔毛行为时引导其分散注意力，或是转换为做孩子感兴趣的事情。只要心情放松，参与感兴趣的娱乐活动，或是进行户外任何形式的运动，孩子的这种拔毛行为就会缓解和消失。避免孩子久坐不动、长时间独处、无聊、长时间看电视也是防止拔毛行为的关键。

其二，通过职业治疗师进行行为治疗。据报道，习惯逆转训练方法（HRT）治疗拔毛癣的成功率较高，也是药物治疗的辅助手段之一，首先训练孩子每当出现拔毛冲动行为时，即做出一种对抗性反应，如深呼吸、跺脚、拍手等；其次，当孩子出现冲动行为时让他想象自己头发、眉毛稀疏的样子，亦可照镜子看自己，从而对糟糕的形象产生抵触和厌恶。另外，生物反馈、厌恶疗法、认知行为方法和催眠法可能会改善症状。

其三，对拔毛症状较为顽固的孩子，可服用一些专科医生开出的药物，如三环类抗抑郁药氯米帕明，但这种药用于治疗孩子拔毛癣依据目前尚不充足。另外，有一种电子腕表可用于控制冲动行为，把它戴在孩子手腕上，一旦出现拔毛动作即刻发出振动和警示声，提示其抑制拔毛行为。

孩子总在裤子里"拉臭臭"怎么办

最近，有家长通过网络后台询问："我家宝宝 4 岁了，总在裤子里拉臭臭，怎么办好？"很巧，我在门诊中曾遇到过好几位因孩子经常尿裤子而来咨询的家长，他们的问题大同小异，基本属于儿童遗粪症，是指到了能够控制大小便年龄的孩子仍不自主地排便在裤子里的行为；有的则是随地大小便，如在家里或教室地板上排便，其中个别儿童是故意拉在裤子里的。按理，儿童一般到了4岁完全可以控制大小便，或养成规律的大小便，大小便前能和家长或教师说"要拉臭臭"，或自己去厕所。但现实中，约有3%的4~6岁孩子会出现遗粪症，且男孩居多，大都找不出什么器质性病因，属于儿童排泄功能障碍。

　　按目前医学诊断标准，遗粪症多由儿童便秘所引起，便秘引发肠道阻塞，随着肠道内粪便积压，最终造成溢出性失禁。有便秘的孩子因害怕排便时的不适或疼痛而回避上厕所，最终憋不住拉在裤子里。另外，可从1/5的遗粪症孩子身上察觉出一定的心理行为问题，但这种心理因素较为复杂，遗粪与孩子心理行为问题何为因、何为果尚不太清楚，这类儿童会因经常弄脏衣裤而感到羞愧、紧张和焦虑，进而恐惧和回避排便。

　　以下诱因值得家长和教师注意：如对孩子过于严厉，过早进行强制排便训练，家庭矛盾以及孩子恐惧心理等，都可能会诱发遗尿、遗粪。有些孩子在幼儿园害怕上厕所，会一直憋着屎尿等回家再拉，结果等不及到家如厕就拉在裤子里。有报道称，孩子在幼儿园厕所里遭受过禁闭，或有过痛苦的排便经历，或被家长告知不要轻易上公厕，那里有细菌等，都会导致孩子恐惧而憋屎憋尿，甚至造成习惯性便秘，最终导致经常拉裤子。还有分离焦虑的孩子，为获得父母关注而故意拉裤子或随地大便。有些神经发育落后的孩子，也容易出现排便在裤子里的现象，他们同时可伴有学习困难、性格内向胆小、语言落后等问题。另外，当孩子过度沉迷于游戏或观看电视节目时，也会因憋屎憋尿而拉裤子。上述原因可供家长和教师参考和分析，如若遇到孩子拉裤子的情况，应该予以关注、分析和预防干预。

　　家长如何应对孩子的遗粪症呢？第一，应该循序渐进地训练孩子的排便要规律，但勿采取强制恐吓方式；如在家里，最好是在相对固定的时间和地点进行排便，如若没有便意则勿强制孩子在便器上坐候。勿在排便问题上训斥或羞辱孩子，勿对其遗粪行为粗暴地横加指责、批评，这会适得其反。第二，对有便秘的孩子予以如厕训练，告知孩子一旦有便意就条件反射式地上卫生间—脱裤子—坐在马桶上—放松肌肉—大便，此时家长或教师勿催、勿急、勿焦虑、勿盯着看。据观察，儿童一般饭后容易出现便意，因此建议饭后鼓励孩子如厕，这在幼儿园也可尝试训练。第三，家长或教师要及时鼓励孩子自己清理裤子、按时如厕等行为，如若未出现尿裤子行为则予以表扬和奖励。第四，可以适当使用大便软化剂、栓剂来解决孩子的便秘问题，同时鼓励孩子对直肠膨胀信号做出察觉，随时轻松如厕。第五，在饮食方面亦可做些调整：减少容易导致便秘的食物，如乳制品、花生、煎炸烤辣食物等；增加高纤维食物，如麸皮、全麦制品、水果和蔬菜等；同时鼓励孩子多摄入水或果汁（含糖饮料则须注意控制，且注意口腔卫生），限制含咖啡因的饮料，包括可乐和茶水，并限制富含脂肪和糖的快餐或垃圾食品等。其他补充建议可参考第一章"尿床儿童的烦恼知多少"一文。只要遵循上述做法，大部分孩子的遗尿、遗粪症会得到控制和消除。

儿童为何"啃咬指甲"

啃咬指甲现象在儿童中较为多见。依据弗洛伊德的精神分析理论，我认为是因为孩子婴儿期的口欲期没得到满足，才容易发生吸吮手指和啃咬指甲的行为。有些孩子还可发展为啃咬脚趾，咬衣领、被角、红领巾、衣扣等，有时也撕咬手指皮肤等，严重时所有手指甲被咬得光秃秃的，甚至影响到手指发育，引发甲沟炎，还会影响牙齿咬合功能等。青春期后的吸烟、嗜酒行为似乎也与此存在关联。

门诊中的病例

前来就诊的孩子中时有啃咬指甲的习惯，小到三四岁，大到青春期乃至青年期都有。孩子父母常抱怨道："自幼打骂训斥全都不管事，包手指头、涂抹苦味剂、涂紫药水都不行，我几乎从来都没给他剪过指甲，全是被他自己啃掉的。"

此外，与啃咬指甲类似的行为还有揪头发、捻头发、拔头发（拔毛癖）、抠手指及身体其他部位的皮肤等。于是我有个习惯，凡是来就诊的孩子，我总会拉他的手来看看，一是看皮纹掌纹，二是看指关节发育状况，三是看有否啃咬指甲。

在了解孩子的生长发育史和父母养育方式后，总能探查到一些蛛丝马迹的诱发因素，如婴儿期母乳喂养不足、母婴早期分离、寄养寄宿等，加上小儿情绪不稳定，家庭或生活学习方面的压力大时，孩子就会通过啃咬指甲类行为来缓解焦虑，入睡时咬被角、抱/腿夹枕头或玩具才肯入睡也是这类行为的延伸。一般这类行为都是下意识的，而且积习越久，越难消除。

水有源，树有根，孩子出现啃咬指甲的习惯是有原因的

啃咬指甲通常是发端于吸吮手指，吸吮手指又是吸吮母乳的延续。孩子出生后缺乏哺乳、母乳喂养过短、母婴早期分离、过早入托、寄养寄宿等是啃咬指甲习惯形成的部分原因。按弗洛伊德理论来解释：来自父母的关爱使婴儿感到自己被期待、被需要，基本焦虑得到缓解。而母婴依恋不足时，婴儿会感到自己是多余的、不受欢迎的，内心将充满焦虑与恐惧。基本焦虑得不到满足，就可能导致婴幼儿产生所谓的"口欲期固结"，即口欲期未得到满足，在未来的发展中，他会不断地寻求对这一时期缺乏的关爱的直接或替代性满足，从而发展为吸吮手指和啃咬指甲。

有些先天情绪敏感和内向的孩子，容易出现母子分离焦虑，加上上述因素，就更容易啃咬指甲，且十分顽固。有家长认为孩子啃咬指甲是因为体内缺乏某些微量元素导致的，在我看来这是缺乏科学依据的，是不靠谱的说法。

成年人中也存在啃咬指甲的现象

啃咬指甲并不是孩子的专利，很多成人也会啃咬指甲。心理学认为，啃咬指甲反映的是一种情绪状态，主要与紧张、抑郁、沮丧、自卑、敌对等情绪有关。如成人紧张或纠结于做某种选择时也会下意识地啃咬指甲。

学龄期儿童啃咬指甲，多与情绪、压力大、睡眠不足等因素有关，如课业压力大、父母过苛过严、师生关系紧张、父母和教师期望值过高、各种早教培训过于繁重等都会导致这种行为。心理行为有问题的儿童也容易合并啃咬指甲的行为，如多动症、学习障碍、智力落后、自闭症、情绪障碍、抽动症等。

家长应该怎么缓解孩子啃咬指甲的行为呢

（1）建立良好的亲子关系。早期的母乳喂养和母子依恋特别重要，这方面妈妈要尽可能给予孩子充分满足，若非是因为不可抗拒的原因，妈妈

尽量保障母乳喂养，同时不宜过早断奶（至少 6 个月及以上）。不宜过早入托或寄宿幼儿园或小学。一句话，建立好早期母婴依恋关系，保障婴幼儿期安全感的建立尤其重要。

（2）减少孩子的压力。训斥打骂、手指涂苦味剂或药水、把手指头包起来等都不是恰当的做法，有时还会适得其反。缓解或减少课业压力、保障良好亲子关系、保障充足睡眠、避免过度关注和过度干预、让孩子多做游戏和参与户外活动均是预防和矫正的措施。

（3）帮助孩子释放压力。理性的父母除了要减少孩子压力外，还应鼓励孩子与同伴做游戏和多参加户外活动，体验快乐。也可与教师进行沟通，让教师对啃咬指甲的孩子予以关心，同时尽可能避免当众提问、羞辱或者批评孩子，以防加重孩子啃咬指甲的症状。

必要时可采取针对性的治疗干预措施。

静进医生说"幼儿摩擦癖"

有一天，一位年轻母亲神色紧张地领着一名四岁半女孩来到我的门诊，欲言又止表明其内心很纠结。

我问孩子是什么问题？母亲很神秘地跟我讲，孩子最近经常靠硬物磨蹭自己的生殖器，或睡觉时趴着扭蹭生殖器，有时出现夹腿扭动的现象。幼儿园教师也反映，午睡时孩子总趴着来回扭动，并影响其他孩子睡觉。这种情况很让这位母亲焦虑和恼怒，在家经常斥责和制止孩子这种行为，但一直很难奏效；她觉得孩子出现这种问题难以启齿，是很不光彩的事情。出于无奈和无助，便领孩子来到我的门诊。

宝宝出现蹭腿是不是性早熟

我观察就诊的孩子，其实长得很可爱，面容和体格发育都很正常，问答话比较得体，并未发现其他方面的异常。听了母亲的叙述，我告知这种情况医学上叫作"摩擦癖"，也叫"腿部交叉综合征"，多见于幼儿期的孩子，男女出现的比例差不多，女孩子稍微偏多一点，年龄最小的可在六月龄就出现。现下很多父母不太了解这种情况，一旦发现孩子有这种行为便紧张恼怒和焦虑不已。

其实，家长不必过分解读幼儿时期的这种摩擦行为，其通常是由一些不良情绪因素所导致，加上诸如母子依恋不佳、孩子阴部瘙痒、湿疹、内裤过紧、分离焦虑、长时间憋尿憋屎等均可成为诱因。有时成人故意玩弄孩子生殖器，或父母给孩子洗澡时频繁接触其生殖器也可诱发。摩擦生殖器可使儿童产生朦胧的快感，于是通过这种动作来缓解情绪或"消磨时间"，在情绪状态不佳时会出现得更频繁，如送幼儿园、寄宿幼儿园、母子分离等可导致孩子出现分离焦虑，发作时孩子面色潮红、呼吸急促、两眼凝视、无视周围、被打断时发脾气等，行为得到强化后也可能转化为下意识的习惯动作。一般摩擦行为在孩子比较安静和寂寞的时候，或别人没太关注的情况下容易出现，有时在晨醒后或晚上入睡时出现，有时在幼儿园午睡时出现，甚至在日间活动中也会出现。须说明的是，幼儿期摩擦癖不同于青春期后出现的手淫行为，幼儿未有性意识，摩擦行为大都是下意识出现的。因此父母大可不必过分地解读这种情况，更无须视其为不齿行为。

父母应该怎样面对孩子摩擦癖的行为

（1）不必大惊小怪，避免呵斥或强行制止，应通过其他游戏或话题引导分散其注意力。

（2）要建立良好的亲子关系，使孩子有安全感，避免过早母子分离，如过早入托、寄宿幼儿园等；即便是在家，建议5~6岁前不宜让孩子单独房间睡觉，可亲子同室不同床。

（3）关注孩子的情绪，尽可能消除不良情绪诱因。

（4）注意孩子下体卫生，避免生殖器及其周围出现湿疹或瘙痒，内裤要舒适勿紧。

（5）洗澡时勿频繁蹭洗孩子生殖器及其周围；养成规律大小便，避免孩子憋尿憋屎。

（6）保持良好睡眠习惯，按时睡觉和起床，睡时勿给孩子被子压得太多太重；同时要注意，若父母有周末睡懒觉习惯，醒来的孩子则有可能出于无聊而玩弄生殖器。

（7）对幼儿期儿童进行适宜的性启蒙教育是可行的，如告诉宝宝：不可以随便玩弄生殖器，也不要让别人包括其他小朋友玩弄和触碰生殖器之类的。

静老师说 ♥

　　一般来讲，孩子出现摩擦癖时，父母除了安抚和稳定孩子的情绪，加强其安全感外，还要增加孩子户外活动，体验游戏的快乐，同时控制和消除上述的诱发原因，通常摩擦症状会自然减缓和消失的。父母大可不必惊慌失措，避免斥责恐吓孩子。也可与幼儿园教师沟通，让其关心和关注有这类问题的孩子。到了学龄期则极少再发生。

孩子有自伤行为时怎么办

　　小雅是一名13岁看似腼腆的女孩，来到诊室时低着头一言不发、问话不答，母亲在旁显得焦虑不安且沮丧。我让母女俩分室而座，母亲述说："这孩子有自伤自残行为，已经用刀片划伤自己手臂多次。近来不愿上学、不愿出门、沉迷手机，进了自己卧室就反锁门不让我进去。领去看了医生并开了药，但孩子拒绝吃药，起色不大，使我着急而绝望。"同时母亲告诉我其已离异，现下母女俩一起生活。待小雅情绪平和后，母亲扒开其袖子给我看，发现其左臂腕部有多个新旧不等的刀划疤痕。

　　儿童自伤行为多发自于情绪障碍和部分人格问题，被学界定义为：在没有自杀企图的情况下采取的一系列蓄意、直接伤害自己身体的行为。多数情况下是用刀器割伤自己的手臂、腿部乃至身体其他部位，有的是用烟蒂或打火机烧伤自己，有的则是自我打击或撞击头部或身体其他部位（腕部、前臂、腕关节和大腿是自伤中常见的部位），其他自伤形式还包括钝器刮伤皮肤和阻止伤口愈合等行为。

　　临床中所见儿童自伤行为的形式各异，且同一儿童可能采取多种方式伤害自己，而且近年来有自伤行为的孩子增多起来。据国外一项调查，约15%的中学生和17%的大学生有过自伤行为，在青少年住院患者中估计高达40%~60%的自伤发生率。自伤行为最小可见于学龄前儿童，通常到了青春期达到高峰，大学生也时有发生。美国2007年的一项调查发现，常春藤盟校在读学生中有1/5承认自己存在各种适应不良感受，1/10被调查学生承认自己有过反复的自伤行为。在我国，迄今缺乏相关数据资料，儿童自伤行为大都被个人隐瞒或家庭掩饰，极难被发现，可谓"冰山一角"。不排除儿童自伤行为可能是将来尝试自杀和自杀成功的危险因素之一。

是什么原因让儿童产生自伤行为呢。须说明，儿童自身有精神心理问题是主要原因，被发现而就诊的自伤儿童大都有不同程度的情绪障碍及边缘性人格障碍。焦虑障碍、持续的挫败体验、进食障碍以及物质滥用都是诱发儿童自伤行为的因素。自伤者女孩偏多，割腕者多属于女性，而撞击头部或击打身体其他部位以及烧伤烫伤者则男孩居多。

另外，西方流行的"哥特文化"认同，也是导致儿童少年自伤的因素之一。这种文化起源于 18 世纪后期的英国，内涵是崇尚黑暗压抑、死亡美学、宗教情结以及唯美主义，且有着近乎偏执的极致追求，总是表现出一种孤僻疏离，阴沉的精神气质。热爱哥特文化的青少年们被称为"哥特少年"。著名医学杂志《柳叶刀》也曾报道，热爱哥特文化的青少年存在"抑郁危机"，与其他青少年群体相比，身处哥特文化中的青少年们有着更高的抑郁和自伤倾向。须强调的是，这并非说哥特文化本身存在危害性，而崇尚这种文化的青少年的心理是否健康才是问题的关键。

儿童自伤行为高发因素还包括：童年期遭忽视和受虐、父母经常暴力相加、离异、青少年物质滥用、家庭关系混乱以及儿童持续的焦虑等。另一不可忽视的原因是同辈模仿（也包括胁迫），即同辈相互传，甚至可通过自媒体或互联网传播相关信息，构成所谓"行为传播"，即某种行为的社会相关群体越来越突出时，个体采取这种行为的趋势就变得更明显。有些儿童则模仿崇拜偶像的行为（多为反面英雄），用自伤行为来证明自己也是个"狠角色"。总之，儿童自伤的背景机制与情绪障碍有着极强关系。

察觉和评估儿童是否有自伤行为是件较困难的事情，因为这些儿童会刻意隐瞒个人自伤行为及身体伤痕，有的家长则因病耻感而隐瞒孩子的问题。这类儿童来就诊时，在其父母不在场的情况下我会询问自伤相关问题，如问"你有没有故意割伤或用其他方式弄伤自己的皮肤"，也十分注意观察孩子手臂、腿部有无特殊疤痕；特殊装束、炎热夏天时穿着长袖衬衫等也是值得注意的现象。国外有相应的自伤评估量表，可以用来筛查和判定儿童有无自伤行为。一般来讲，自伤儿童的父母会极度焦虑甚至崩溃，且对孩子的行为极度敏感和反应过度。但凭我的经验，这类自伤的孩子较少发生更严重的自伤或故意自杀行为。若未合并其他明显的精神障碍，一般不需要住院治疗。通过咨询沟通，了解儿童自伤行为的根本动机和可能关联的原因十分有必要，且要有足够的耐心，这不仅是医师的责任，也是指导父母去干预自伤行为的重要措施。父母得知孩子有自伤行为时应尽可能坦然应对，避免反应过度和"抓狂"，要及时找相关专业医师进行诊疗和咨询。

了解和收集孩子自伤行为的信息，特别是心理问题和诱发事件，是实施干预的重要前提，也是指导父母的主要依据。医生以循序渐进的方式让孩子意识到自伤行为的不良后果是可取的做法，告知孩子自伤可能带来令其厌恶的问题，如留下难看的疤痕、为保守秘密而带来的焦虑、羞耻感、伤口感染、找医生就诊、玷污个人名声、潜在的自伤行为成瘾和意外死亡等。心理治疗方法包括心理支持疗法（辩证行为治疗是最常用的）、认知重建、行为修正、激发性会谈、自信心训练、可供选择的应对机制指导等。辩证行为治疗是通过个别和集体的技巧训练，让儿童学会情绪调节，学习如何应对负性情绪以及解决问题的方法。

可指导孩子写"自伤日志"，如记述以往发生的事件、行为本身和自伤（或没有自伤）的后果等。鼓励进行有意识深呼吸、肌肉放松、身体锻炼、与他人交流、听音乐和观赏美丽的景色等。如合并焦虑障碍、抑郁的儿童则须在医师指导下服用些抗焦虑抗抑郁的药物，抗精神病类药物对减少儿童冲动行为和攻击行为有一定的疗效。

孩子咬人怎么办

母亲的烦恼

一位母亲带4岁男孩来访时反映道："我家孩子最近在幼儿园经常咬其他小朋友，以至于教师和其他家长不断向我投诉，让我困窘不堪，不断向他们道歉。回到家里，我对孩子反复说教、威吓、警告都不起作用，第二天仍会去咬小朋友，真不知道怎么办好。"经观察，小男孩并没有什么特别的异常表现，可与见习医生一起玩玩具，交谈正常。

小孩为何咬人

一般而言，有些 3 岁后儿童容易出现咬人行为，不仅咬小朋友，也会咬妈妈或爸爸，但多属于一过性或是暂时性行为。家长和教师大可不必过分解读这种情况，甚至上纲上线视为异常行为或是父母教养不当导致的顽劣习惯。

儿童咬人原因分析

其一，表达不满或是生气。3～4 岁的孩子处于语言发展的快速期，但基本愿望与沟通表达能力间不平衡，当无法表达感情（如生气或是不满）时可能会通过咬人表示受挫感，如抢玩具、抢吃的、被别的小孩推搡时；比起女孩，男孩语言发育丰富度偏弱些，因此咬人多于女孩，有些语言发育不良的孩子也容易以咬人表达个人情绪。

其二，表达身体不适感。有些肠胃不舒服的孩子，因表述能力有限而容易出现咀嚼行为，其极端方式可能演变为咬他人。另外，这个年龄段孩子正处于长牙时期，长牙的不适感或是新奇感促使孩子不停磨牙，因此喜欢咬人、咬物来满足磨牙欲望。当然，身体上出现的任何不适也会引起孩子烦躁而咬人，如皮肤过敏、穿纸尿裤不舒服、尿裤子等，均可诱发咬人冲动。

其三，表达喜欢或是爱。3～4 岁的孩子还无法用语言去表达自己的情感，他们更喜欢用各种肢体语言来表达感受，其中包括用咬来表达喜欢，有些咬妈妈、咬小朋友可能就是表达喜欢的行为。妈妈的阻挠、呵斥更容易激发他们的咬人冲动。

其四，寻求关注。当孩子遭冷落、表现欲未得到关注认可、父母和教师忽视、小朋友不理睬、缺乏安全感和团体归属感时，也会引起孩子的咬人行为，旨在寻求关注和获得安全感。值得一提的是，父母回家手不离手机、缺少与孩子沟通和玩游戏，也会遭到孩子咬或是其他方式的攻击。

其五，可能有发育方面的问题。据报道，多动症、语言落后、癫痫、睡眠障碍、情绪困扰、遭受虐待、自闭症、目睹家暴的孩子也会出现咬人等攻击行为。

如何应对

家长应针对上述，以减少和消除孩子的咬人诱因为主。

当孩子咬人时，不建议用恐吓、批评或是以牙还牙方式惩罚孩子。如上述来访的母亲说，回到家用牙刷狠狠地给孩子冲洗嘴巴，其结果压根没让孩子真正了解到咬人的害处。对有咬人习惯的孩子，一定要密切关注和了解其咬人的目的与动机，迅速冷静介入孩子间的冲突，以冷静而坚定的态度分开孩子。

细心观察孩子游戏或是团体活动，当出现咬人冲动时迅速用手捂住他的嘴，明确地说"不可以咬人，告诉他你想要什么"；如果孩子不会用语言表达，则明晰告诉咬人是不对的，你是不是想要那个玩具，想要他手里的绘本？当咬了人，迅速拉开他严肃地说"咬人是不对的"，并予以拥抱以平复其情绪。这样重复几次，一般都会控制住孩子的冲动。

当着孩子的面，迅速安慰被咬的孩子，并及时向其家长表示道歉，展示给孩子人际处理的示范行为。要真诚地向被咬孩子家长说："我的孩子咬人，真对不起，也让我难堪和难过，我会尽力帮他改掉这个坏习惯，但是现在直接惩罚他无助于解决咬人行为，他可能还会犯。"随即带孩子离开现场，即使被咬孩子家长认为这样做太不公道，太纵容孩子。

这是个不得已的做法，如果当着别人面惩罚咬人的孩子，一般不会获得好的效果，也会伤及孩子的自尊，甚至埋下"报复"的种子，结果还会重蹈覆辙。

在家时，可以让孩子咬无害塑胶咬合板，或是干净的毛绒玩具，或是口香糖来缓解长牙不适感，满足其咬牙/磨牙欲望。其他不适感引发的咬人冲动，就得解决引发不适的问题，如皮炎、纸尿裤问题、生殖器或是肛门的瘙痒等。

在家玩角色扮演游戏，妈妈争夺一个玩具时张嘴做咬孩子的动作，停下来问他"如果我咬你，你会觉得怎么样？如果我不咬你，你希望我做什么"，然后继续玩抢夺玩具游戏，让孩子想象咬人冲动和如何控制住咬人行为。当然，也可直接向孩子表达："当你咬了人的时候，妈妈觉得很难过，我不希望看到别的孩子受伤。我不愿看到你再咬小朋友，想想有没有更好的办法解决问题。"一般几次角色扮演游戏后可帮孩子戒掉咬人的毛病。

对那些发育方面有问题的儿童，还是建议找医生解决根本的问题或是疾病。当然，孩子从幼儿园回家后，要加强亲子间的游戏与沟通，可增加孩子的安全感和归属感，家长勿被手机"俘获"而丢掉亲情，到头来得不偿失。

静老师说 ♥

　　我观察过咬人的孩子，在咬人前会有些行为迹象，如他们眼里会闪过一丝不快，会往后甩头，然后张嘴冲向他人。

　　家长或教师须细心关注这些迹象，当出现向他人下口前的动作时及时制止，明晰而坚定地告诉他"不可以咬人"，这样不但防止发生伤害和冲突升级，也会让咬人的孩子形成条件反射，逐渐懂得如何控制咬人冲动。

　　读者也可参看第三章"如何控制孩子的冲动、愤怒行为"，有助于自幼训练孩子控制愤怒和冲动行为。

磨牙症对儿童的影响及对策

磨牙症概述

　　常见于儿童的磨牙症主要有两种类型：一种发生在睡眠期间，所以也称为"夜间磨牙症"；另一种发生在清醒状态下，也称为"日间磨牙症"。顾名思义，磨牙症指非功能性（不是吃东西、咀嚼食物）无意识状态下的牙咀嚼和磨牙行为。不同儿童的咬合强度不一，频率和节律不同，磨牙症背后的原因和结果也各不相同。无论是白天还是夜间，磨牙导致的牙损害外观是相似的。

　　对儿童来讲，夜间磨牙症的影响往往会更糟、持续时间更长，预示着存在更多心理行为因素，也可能包括一些躯体疾病。

　　如来我门诊就诊的儿童中，就有很多夜间磨牙症的孩子，如自闭症、癫痫、情绪障碍、智力落后、睡眠障碍、肢体疼痛、睡眠呼吸不畅、学习障碍、强迫症等，说明有这些行为问题的儿童容易合并夜间磨牙症。

　　夜间磨牙症孩子早晨醒来多会烦躁，常伴头疼、耳疼、身上不舒服、情绪低落等，也可合并啃咬指甲行为。自闭症儿童会因磨牙导致的疼痛不适而经常陷入激越和愤怒中，但因不会诉说而被家长和教师视为无理取闹。

　　磨牙症一般会导致孩子牙齿过度磨损、牙齿松动或脱落、牙齿崩裂、牙周炎、牙咬合畸形、颞下颌关节和耳朵疼痛、咀嚼肌肥厚、以太阳穴为中心的头疼、牙齿过敏、口臭等一系列问题。磨牙症导致的口疾是儿童看口腔科医生最多的疾患之一。

　　夜间磨牙症导致的连带问题还有，磨牙声音影响家人的睡眠、儿童出现继发性的情绪和心理问题，如持续影响睡眠质量，会导致记忆力下降、学习不良、情绪低落、自责、紧张和抑郁等。

孩子为何出现夜间磨牙呢

　　诱发夜间磨牙症的原因还不是很清楚，早先坊间认为"蛔虫"导致儿童夜间磨牙，但这方面的依据不是很充分。

　　我认为，压力大的生活是导致儿童夜间磨牙症的主要原因，这方面的证据正在增加。

　　研究表明，夜间磨牙症是由中枢神经系统功能相关机制引起的，涉及睡眠唤醒和神经递质释放异常，这些因素的基础主要是社会心理因素，包括影响睡眠的日间压力。

　　另外，大脑多巴胺能系统在中枢神经系统中的干扰，也被认为与磨牙症的发生有关，如吸烟者磨牙症发生率更高，是因为烟草的尼古丁刺激了多巴胺的释放。

　　据报道，与普通孩子相比，有磨牙症的孩子对抑郁、敌意和压力的反应更敏感；孩子体验压力过多、过强时，确实容易引起夜间磨牙症，且第二天出现焦虑的情况更普遍。

　　研究还表明，孩子面临考试、家庭丧亲、父母婚姻危机、父母离异、搬迁等紧张时期会加剧磨牙症状。儿童白天磨牙也会出现在注意力高度集中时，如做作业、玩游戏机、上网、看电影或阅读等。成人磨牙症则与其工作压力和不规律的岗位转换有关。

　　动物研究表明，实验中电击老鼠后观察其行为，发现受电击老鼠的磨牙样肌肉群的活动水平明显高于未受电击的老鼠；并且发现，目睹受电击老鼠的同伴，同样会出现磨牙肌群的紧张。

如何应对磨牙症呢

　　其一，当然要看牙科医生，确定是否有牙齿损坏情况，对磨损的牙齿进行修补。镶嵌高强材料做牙冠虽有一定保护作用，但美观上不尽如人意；种植牙体或是镶陶瓷牙冠，磨牙症并不会改善多少，不建议用于儿童磨牙症。

其二，在医生指导下使用护牙罩或是塑胶咬合夹板，可减少磨牙对牙齿的损害。但其效果如何，迄今尚无确切的实验证据；因为睡眠中戴咬合夹板，容易引起流口水或是口水呛嗓子眼，也会影响到儿童睡眠。因此，应在随访医生指导下使用。

其三，缓解孩子心理压力和不适。催眠疗法治疗孩子或成人磨牙症有一定疗效，但实施起来受各种因素限制，如孩子的配合程度、实施场所、实施时间安排等。在催眠师指导下接受一段时间的治疗后，可回家做自我催眠训练，但这对发育行为障碍儿童显然是行不通的。其他干预措施包括放松技巧、压力管理、行为矫正以及习惯逆转训练等，效果不一。生物反馈治疗一度受追捧，但疗效并不确定。

减缓压力还应包括：避免孩子睡前过度兴奋、避免超负荷作业、勿拖延作业时间、睡前勿吃得过饱、家长对孩子期望值适当、睡前热敷其下颌（有一定心理暗示作用）、训练孩子睡前意念放松全身等。

其四，发育行为异常的孩子，则须在医生指导下采取针对性治疗，如自闭症孩子合并磨牙症可适当服用利培酮、阿立哌唑等药物。

对儿童磨牙症的药物治疗还包括抗焦虑药物、多巴胺、抗抑郁药物等，均需在医生指导下使用。

第三章　教授与你面对面

——不容忽视的情绪问题

儿童情绪问题何以多起来

这些年，在我的门诊接待的来访者中，情绪障碍儿童明显增多，且以学校恐怖症、焦虑障碍、抑郁倾向、愤怒攻击者为多，其中不乏合并多动症、自闭症、抽动症、学习障碍及睡眠障碍的儿童。

儿童情绪障碍指发生于童年期的一组强烈而消极的情绪问题，并影响到儿童日常生活、家庭功能及学习，主要以紧张、焦虑、恐怖、抑郁和强迫等不良情绪体验为特征。

如今，儿童情绪障碍呈越来越多的趋势，已成为儿童精神障碍（包括多动症、学习障碍、智力落后、阿斯伯格综合征等）中占第二位的心理疾病。国家卫健委发布的数据显示，我国 17 岁以下儿童青少年中，约 3 000 万人受到各种情绪障碍和行为问题困扰。现实中，儿童情绪问题极易被忽视，其中很多人根本没得到及时的发现和帮助，如美国有报道，城市社区中被诊断患有抑郁症的儿童中，只有 20% 得到了治疗。然而很多父母、教师和个别医师认为，儿童期的情绪问题是其成长过程中不可避免的表现，大都会随着年龄增长而自然消失。事实是，儿童期情绪障碍带有很强的"隐匿性"，通常被其他行为所掩盖，不像成人那样分化明显，儿童更不会主动倾诉个人情绪感受，除非有持续而强烈的情绪行为反应，否则父母和教师极少能察觉到异常。

的确，所有孩子在成长过程中都体验过害怕、担心和焦虑等情绪。若达到情绪障碍的程度会对儿童的成长构成很大危害，且可持续到成年期。儿童情绪障碍是个泛称，其中最多见的类型就是焦虑障碍，按权威诊断标准还可分为分离焦虑、广泛性焦虑、社交恐怖症、强迫症以及应激障碍等，其谱系的另一端则是心境障碍和抑郁症，意即这些病症在儿童期有着内在关联性和谱系特点，发展顺序往往是呈现害怕—焦虑—恐惧发作—强迫—抑郁—想死—自杀等这样一种连锁关系。

导致儿童情绪障碍的原因十分庞杂。概括起来，其一是遗传生物因素，如父母或家族具有类似病症则可能遗传给子代。其二是家庭因素，如母婴早期分离、父母离异、遭受虐待与忽视、父母有毒品或酒精依赖、父母存在养育焦虑、过早被托养或寄宿、目睹性行为或家庭暴力等。其三是社会因素，如家庭贫困、经常处于危险处境、遭受自然灾害、缺乏健康关怀、出现信任危机、烟酒依赖、网络成瘾、目睹犯罪、自身肥胖或其他健康相关问题等。其四是教育和环境因素，如养育者期望值过高、学习压力过大、睡眠不足、学业失败、被体罚、交友困难、遭受欺侮、失去友谊、缺乏体育锻炼等。留守儿童也容易出现情绪障碍，一些随父母进城的流动儿童因父母疏于管教和情感沟通也易出现各种情绪问题。另外，多动症、学习障碍、品行障碍、自闭症、睡眠障碍、抽动症、肥胖症、遗尿症等疾病儿童也会合并不同程度的情绪问题，如抽动症易合并强迫症和暴怒发作，遗尿症易合并睡眠障碍和焦虑障碍，自闭症容易合并恐怖发作和抑郁症等。

　　情绪障碍的儿童最初会表现不同程度的焦虑和恐惧，同时合并多种生理性反应，这在本章后面的"儿童'害怕离开妈妈'是一种病吗"和"孩子为什么害怕上学"两篇文章里进行专题描述，可参考。有关强迫症的行为问题在第二章中多有述及，具有这种行为的孩子表现出重复刻板行为增多。其一是非理性而令人费解的强迫思维，如怀疑自己被病毒细菌感染、得绝症、遭袭击、有人破门而入、怀疑自己遗忘，甚至达到穷思竭虑的地步。其二是强迫动作增多，如反复洗手洗澡、强迫计数、触摸、储藏、不停地整理排列东西、踩地砖线走路、强迫开关门/灯、反复检查门窗是否锁上等不一而足。

　　当孩子出现心境不良、经常沮丧和抑郁时，家长需加强关注和防范，如孩子情绪低落、悲伤、哭泣（特别是经常委屈落泪）、缺乏愉悦感、睡眠不良、自我评价低、不愿上学、对日常活动丧失兴趣、想死或企图自杀等；有的表现为动作迟缓、活动减少、退缩萎靡、思维迟钝、低声细语、言语减少、语流缓慢、自责自卑等，年龄稍大儿童可能有罪恶感。

　　正因为儿童情绪障碍的"隐匿性"强，家长和教师须提高察觉能力，发现情况应及时应对和处理，或找医生看看，提倡养育者积极接受相关的健康教育，以提高对情绪障碍的认识。"防病于未然"，家长和教师须对上述家庭、社会、学校影响因素予以防范，尽可能探明原因，消除诱因。情绪障碍的儿童不但需要家长和教师的心理支持，也需接受相应的心理治疗和药物治疗。患儿家庭特别需要给予指导，专业人员应向儿童父母提供咨询和指导服务，提高父母对儿童疾病的认识，使其了解疾病产生的因素，并要求父母配合治疗，并尽可能地消除家庭环境或教育中的不良因素，克服父母自身缺点或不良情绪。从公众层面而言，相关管理者也应多渠道大力开展学校和社区儿童心理卫生服务，并使这种服务措施常态化，以起到很好的预防保健效果。

如何控制孩子的冲动、愤怒行为

冲动行为的种种表现

常言道"冲动是魔鬼"，冲动行为的结果通常都很糟糕。在现实生活中，很多人都会有这样的感受，每当需求或欲望受阻时会怒气冲天、冲动难抑，尤其是与他人发生冲突时恨不得冲上去痛扁他一顿，例如"路怒症"。人们冲动时总是很容易做出一些错误的行为，事后又悔恨不已。

冲动行为尤其多见于青少年，他们有各种各样的冲动行为，如突然爆发怒火、攻击他人、冲动去干一件蠢事，或突发奇想做些令人匪夷所思的事情（如各种冒险行为、不靠谱的炫酷、当众偷窃、令人厌恶的恶作剧等），却对个人行为及其结果缺乏预估，或压根不考虑后果。

心理学描述青少年的冲动行为通常是"构思不当、急于表达、过度和不适当的冒险，经常导致不良后果的情况"，这种冲动行为会危及个人的长期目标和成功策略。

美国纽约威尔康奈尔医学院神经学家研究青少年冲动行为时提到：无论是飙车还是尝试吸食毒品，青少年的高危行为往往是由于神经行为发育不成熟，或是在认知上作决定时缺乏足够的考虑所致。的确，比起成年人，青少年更缺乏深思熟虑，冲动行为呈现立马爆发的特点。

青少年的冲动行为带有很强的共有特质，他们身上总是具有以下五种特质：负性的紧迫感、寻求刺激、缺乏计划、缺乏自我控制和自我意识低下。

儿童期冲动行为也常见于儿童多动症，并伴有注意力不集中、多动不停、过度兴奋和吵闹、违拗对抗、成绩不佳等。他们的典型表现是：极易不耐烦、不恰当的评论脱口而出、不加约束地宣泄自己的情绪、不顾及后果地采取行动、难以等待他们想要的东西、要求立即得到满足否则吵闹攻击、游戏中难以等待轮候、经常打断对话或介入其他人的活动等。

大量研究发现，多动症儿童如若未得到及时有效干预，随着年龄增长，其冲动行为可内化为一种人格特质，继而可导致违拗对抗障碍、反社会行为、违法犯罪等。

冲动行为也见于某些精神心理疾病，如物质滥用、反社会人格障碍、双相情感障碍、边缘型人格障碍、强迫症、贪食症等。脑科学研究认为，反复的冲动行为模式一定有相应的神经学基础，如获得性脑损伤和神经退行性疾病等，损害的神经部位一般是大脑额叶的内侧眶额皮层，其功能是对个人行为的监督与控制，该脑区的功能损害后就会表现为行为控制困难。

教会孩子如何控制冲动

（1）自幼训练孩子控制情绪。所谓"Trouble two"一般指幼儿第一反抗期表现，2~6岁幼儿自我意识增强而实际能力有限，故此容易遭受挫败而发脾气和哭闹。父母理应从此阶段开始训练孩子学会控制发脾气，如孩子无理取闹时用缓和而坚定的口气引导孩子，乱发脾气不会得到任何满足，无须讲大道理而要就事论事，讲大道理更会增加孩子的愤怒感。在日常行为中让孩子逐渐体验到自己的愤怒情绪并不会得到好的结果，同时慢慢引导孩子体会到，只有用适当的方式才可实现需求的满足，同时获得愉悦感。养育中忽略儿童正当的情绪反应，或是一味纵容孩子的无理需求、娇纵溺爱、无视孩子的霸道行为等都是导致儿童容易发脾气的重要原因。父母/祖父母在公共场合当着孩子与他人争吵，甚至攻击他人等行为最容易形成示范效应，目睹这些行为的孩子也特别容易养成冲动攻击行为。

当然，父母也可通过适当的忽视或是转移注意力来让孩子的愤怒情绪得到一定宣泄，"以怒治怒"或是讲大道理往往会适得其反。父母也应反思自己是否在家容易发脾气、简单粗暴对待孩子，或是存在说到做不到的的行为。

记住：要孩子脾气好，父母首先得自己脾气好。因为，有冲动攻击行为的孩子通常来自暴力倾向（包括言语暴力）的家庭。

（2）实施青少年生活技能发展训练。无论是在家庭还是青少年指导机构都可通过沟通、同理心（同情理解他人）、自信等方式来指导易怒、冲动的青少年接受情绪控制训练。事先设置一种模拟情景，当触发孩子的冲动行为时，其核心思想首先是训练孩子愤怒冲动来临时学会如何控制和放松自己，接着让他识别愤怒和放松情况下的自我感受，最后让孩子体验对不良的情绪采用不同的处理方式时获得的事情因果关系感受。让孩子真正体会到情绪管理后获得的成就感和愉悦感，对以后的再犯更有控制效果。

对于年龄较小的孩子，可通过更有趣的结构化方式呈现愤怒发作、指导控制、行为自我管理来增加孩子的参与度，如情景式的游戏程序，同时有父母或教师以及小伙伴们的"角色"扮演，其本义包含着"寓教于乐"成分。对青少年而言，团体治疗是一种有效形式，因为这与他们所处的自然社会环境相似，这种情况可由专业心理辅导员指导实施。

（3）写"愤怒日记"。这种方法适合于中学以上的孩子，通过写日记来了解自己的情绪，有可能成为学习如何处理愤怒情绪的关键。研究发现，有些易怒的青少年可通过写"愤怒日记"，描述个人体验的负面情绪，再回顾或看到自己的情感描述，可增加他对不同情绪的感受或是体验，从而减少冲动行为和攻击行为。他们或许能够悟到自己的愤怒是缘于什么事情，这个事情的愤怒处理会是什么结果，换个角度去处理又会是什么结果，最终达到自我学习处理愤努情绪的目的。

（4）自我暗示和放松训练。鼓励和训练孩子在平静或是舒适状态下想象愤怒情景，再进行深呼吸、肌肉放松、感受全身心放松后的舒适感，并通过自我暗示来化解自己的愤怒情绪。当然，起初通过专业治疗师进行阶段训练效果会更好，接着可自己回家慢慢重复训练。这种方法类似"正念治疗技术"，通过冥想来感受自己此时此刻的情绪状态，自己身在哪里，暗示自己的冲动与愤怒只不过是个人思想产物，而非现实遇到的事情本身。

其实，这种方法更适合于成年人的冲动愤怒情绪管理，如容易生气的父母，或是易怒族。让当事人愤怒时闭目深呼吸 1～2 分钟—想象愤怒的原因—再等一等、缓一缓（延迟反应）—做理性判断—解释理性处理的结果—学会愤怒时合理思考。须强调的是，由他人压迫性制止愤怒或是强压式的制怒都是不可取的做法，最终还是由当事人按其自己的方式来完成情绪控制。此话的另一层意思是，避免父母或是教师在孩子发怒时即刻用强制方法去制止他，否则无异于火上浇油。

静老师说

孩子在"反抗期"表现出冲动与愤怒行为是普遍现象，适度的冲动和愤怒并无大碍，更无须一味地强制管控和打压，关键得看其程度如何，譬如冲动是否过于频繁、会否伤及自己或是他人、是否危害公德和公众利益、有无其他心理行为问题的存在等。

冲动程度严重者不排除存在心理行为问题，对此要采取针对性的干预治疗措施，如多动症、抽动症、情绪障碍、睡眠障碍、遭受虐待的儿童特别容易冲动和发脾气，这就需要医学治疗的介入。父母不明就里一味简单粗暴干涉、讲大道理或是不当处理，有可能加重孩子的冲动行为。

另外，青少年的冲动与愤怒管理并不可能一蹴而就地得到解决，而且情绪管理的最佳实践是使用多种方法而不是单一技术，其中父母情绪的自我管控，以及积极配合孩子的情绪管理训练、勿急于求成都是干预的关键所在。

蜗居而拒绝出门的孩子到底怎么了

蜗居青少年

"蜗居"一词来自日本学者对一群足不出户青少年的描述，称他们为隐蔽（Hikikomori）青少年，台湾译者则称其为"蹲废材"或"茧居族"。

"蜗居"最初报道的是日本社会的一种现象，指这种人长期隐匿囚困在家里狭小的卧室内，足不出户，拒绝社交，犹如凭空消失于世，且以青少年居多。有些中学生或是青年上班族也会出现这种现象，他们突然无故旷课、旷工、迟到、不断请假直至最后干脆不上课/上班而蜗居在父母家或是自己的出租屋里，从此过上隐居而足不出户的生活。近年来，更多蜗居青少年干脆靠"啃老"或是外卖过着吃喝拉撒睡的日子，甘于窝在狭小房间里足不出户，断绝一切社交。

据首次使用此称谓的日本心理学家斋藤环报道：日本大约有100万名蜗居青少年，几乎占到全国青少年的一成，且大都为家中的长子，男性占八成，最年幼的只有十多岁，有的已将自己关在房内长达15年。

自此，亚洲很多国家和地区陆续有相关报道，如我国和韩国，受蜗居困扰的青少年似乎愈来愈多，蜗居者甚至包括一些成年人和老年人。对蜗居青少年，除了父母或家人，社会和公众极少予以关注或关怀，这些人似乎一夜间"人间蒸发"掉。

据香港调查，发现10~24岁青少年当中约有2万名青少年处于蜗居状态，拒绝社交，占到全港青少年人口的2.1%，年纪最小的12岁，平均蜗居2年，最长达6年以上。

什么原因使他们足不出户

概括来讲，蜗居青少年多因各种学习/生活压力、挫败、失意、失恋、人际冲突、社会排斥、遭受霸凌或是不公对待而选择自我封闭。他们大都不堪忍受自认为的社会压力，而选择蜗居在家里与手机、漫画、电脑、电视为伍打发日子。

我国目前虽然缺乏相关的数据调查，但蜗居青少年大都由以下几个方面原因所致：

第一，有些独生子女从小到大习惯独处，缺乏与他人相处的经验和愉悦感，因此难以建立自己的人际关系圈，宁愿回到家就走进自己房间里玩手机、上网、看电视，长期如此地生活，会使他们养成孤僻性格而拒绝社交。

第二，独生子女从小到大备受家长照顾呵护，导致抗压和应付逆境能力薄弱，当入学后学习成绩不理想、缺少师长支持与理解、遭受体罚等时，可能会产生自己是个"没用的失败者"的想法，因此选择独处来逃避压力和挫败。

第三，留守/流动儿童自幼与父母聚少离多，未形成安全依恋关系，缺乏正常家庭氛围体验，托养的祖辈缺少正确的学习生活指导，因此这些孩子容易出现适应困难，逃避社会而陷于蜗居。

第四，应试教育下学校一刀切，要求所有学生整齐划一地在考试分数上等级达标，从而使某些适应困难的孩子，因不堪学习压力而逃学、恐惧上学乃至蜗居在家。

第五，水涨船高式的聘用人才机制，导致很多低学历或是二三流高校毕业的大学生难以找到理想工作，他们可能因低聘、低收入、辛苦劳作、遭人歧视而干脆辞职蜗居在家。当然，有些高学历、名校出身的大学生也会因找不到合适理想的工作，或是自身性格问题被"炒鱿鱼"而受打击，觉得怀才不遇而选择逃避蜗居。

第六，有些具有发育行为问题的青少年，如阿斯伯格综合征、肢体残障、边缘智力、情绪困扰、体貌不理想的青少年（如身材矮小、长相欠佳、脸上有粉刺疤痕、过早脱发谢顶等）也会遭讥笑和排斥，导致心理创伤而拒绝上学/上班，蜗居家里。

当然，导致青少年蜗居的原因还有很多，如感情受挫、意外伤害、卧病住院、父母过度呵护、溺爱、缺乏独立生活自理能力、心理行为问题（最多见的是抑郁症、抑郁倾向或是学校恐怖症）、好友感情破裂等。

另外，有些海归青年学子因不适应国内职场氛围而选择独居、不工作或蜗居，他们可能通过网络做些力所能及养活自己的事情，但不会去社交或是接触外界。

静老师说

　　对蜗居青少年的家庭来说，家中有个足不出户的孩子，会令父母觉得是件尴尬而丢脸的事情，他们出于"家丑不可外扬"的心理而会刻意掩盖、回避向他人说起此事。

　　再者，媒体的报道与关注，多把青少年蜗居视为一种心理/社会病态，甚至与某些精神病扯上关系，因而使当事青少年或是其家长产生严重耻辱感，家长会竭尽所能来掩饰、隐瞒自家有个蜗居孩子的事实，而不会主动去寻求医生或是社会的支持和协助。

　　当然，我国社会至今还未建立相应的关怀支持体系或是服务机制，所以也使得这类孩子和其家人无处寻觅解决问题的途径与方法。

童年期遭受的创伤，会挥之不去吗

说说创伤后应激障碍（PTSD）

8 岁男孩伟强因两个月来遗尿、恐惧出门、害怕宠物、害怕上学、频繁发怒、夜间睡眠中喊叫而被父母领来看诊。父母说：孩子此前一直很正常，目前上小学二年级，成绩中等，性格偏内向，但并无其他大碍。

父母继而私下叙述道："伟强在两个多月前，放学途中目睹了同行同学遭遇车祸，并被救护车拉走抢救的过程，回到家里大哭不止，说再也看不到好朋友了，不想去学校了；虽然那位同学最后被救活，只是因多处骨折需住院治疗，但伟强的情况每况愈下，不断出现上述症状，时而出现咬手指、行为退化、纠缠父母、害怕陌生人等，近一周干脆休学待在家里。"经过一番检查咨询，我告知这对父母："伟强的情况属于童年期创伤后应激障碍。"

创伤后应激障碍指当事人遭遇强烈的创伤性打击或事件后，表现出的持续性的一种情绪障碍，严重时并发其他类精神障碍，它不仅见于儿童期，亦见于成年人。

PTSD 最初用于经历过各种战争的士兵，古希腊时期就有记录与创伤相关的精神障碍症状。到了近现代，尤其是两次世界大战后，一些退伍军人出现了各种精神混乱现象，故此命名为"炮弹冲击症"或是"战争神经官能症"。PTSD 一词则是从参加越南战争的退伍军人出现的精神障碍开始使用的，美国精神病学协会于 1980 年开始正式承认这种名称和诊断（DSM－Ⅲ）。

大约 5% 的儿童会遭遇 PTSD，似乎女孩偏多，有些孩子的 PTSD 可反复多次出现，这取决于儿童的年龄和创伤性质，几乎各个年龄段儿童均可出现，青春期前后则较为高发。

儿童 PTSD 与其遭遇的各种创伤性应激事件有关，常见的创伤性打击包括遭遇车祸、自然灾害（地震、火灾、洪水、台风等）、目睹凶杀或暴力、强奸、动物攻击（被狗咬最常见）、绑架、残酷虐待、战争（如中东战争中的儿童）、校园暴力或枪击案、父母/亲人/好友意外亡故，遭极度恐吓、校园霸凌等。如汶川地震当地很多儿童、青少年就出现了 PTSD。值得一提的是，随着我国私家车增多，交通事故变得频发，目前遭遇车祸（无论是个人遭遇还是目睹车祸，如案例中的伟强），导致的儿童 PTSD 明显增多。美国曾报道，约 26% 遭遇或目睹过车祸的儿童会出现 PTSD。经历美国安德鲁飓风的儿童中约有 30% 出现了 PTSD，灾难发生后的一年，仍有 15% 的孩子报告有很严重的 PTSD 症状，尤其是反复回忆和体验创伤性经历的症状。

PTSD 孩子主要行为表现

遭遇不幸的孩子大约事后至 3 个月内出现 PTSD：脑海里反复重现创伤

事件（专业术语叫"闪回"）、行为极度退缩、容易惊恐警觉、噩梦频繁、无端哭泣、缺乏快乐、害怕出门或上学、在家里容易愤怒攻击、过度依恋纠缠父母、健忘（刻意回避回忆所遭受的事件）、对日常生活反应麻木等。

有的孩子会在游戏当中重现创伤经历的事件，如我让伟强做沙盘游戏（一种心理治疗方法）时，他反复用玩具车辆做对撞，或用车碾压小玩偶人等。

PTSD 会挥之不去吗

当然，大部分 PTSD 儿童是可以恢复正常的，因为大脑具有很强的自我修复能力。证据来自一项对美国夏威夷的考爱岛上遭遇不良境遇孩子的长期跟踪研究，这些经历过贫穷、家庭不和、父母离婚、父母患有精神疾病等的孩子，长大后并没有重复当年自己的生活，让他们的下一代"重蹈覆辙"。

不过，部分 PTSD 儿童可并发其他情绪障碍，最多见的就是焦虑和抑郁，持续地缺乏安全感，有的可持续 10 年以上。有些孩子的症状可在创伤性体验过后数个月甚至更长时间后才出现，也可能遭遇相似事件时诱发 PTSD。长期受虐待的 PTSD 儿童则更容易导致持续的攻击行为和违法犯罪行为。

2012 年美国儿科学杂志报道，童年期不良的创伤性经历可给部分孩子带来贯穿一生的消极影响，遭遇创伤应激的儿童会影响到其大脑发育，长大以后更容易遭受精神健康方面的困扰。美国 2019 年 4 月的一项研究报道，具有创伤经历的抑郁症患者脑神经的链接更为异常，童年期无论是情感上还是躯体上经历过忽视与虐待，都在这些已成年的抑郁症患者的脑网络功能性联结上留下了痕迹。

怎么干预 PTSD 儿童呢

由于儿童 PTSD 具有一定的隐匿性，不易被家长或是教师及时发现，对遭遇创伤性事件的孩子，还需专业医师予以评估诊断。目前最常用的评定工具就是"儿童 PTSD 症状量表（CPSS）""儿童创伤筛查问卷"等。

其一，对被诊断为 PTSD 的孩子要积极进行心理治疗干预。目前主要方法包括：认知行为疗法（如暴露疗法）、认知加工疗法、眼球运动脱敏和再处理（EMDR）、简短折衷心理疗法（BEP）、叙事暴露疗法（NET）和书面叙事暴露疗法等，均需要专业治疗师实施。

其二，需在医生指导下小剂量服用一些抗焦虑、抗抑郁的药物，如氟西汀、帕罗西汀和文拉法辛等药物，其具有一定疗效，且药物耐受性较好。

其三，让孩子积极参与户外运动和团体游戏活动，以分散儿童的注意力及调动积极的情绪和心理行为，最好有大人陪伴参与。如美国国家创伤后应激障碍中心建议 PTSD 患者可进行适度运动，以分散注意力、缓解情绪、建立自尊，增加再次控制感。

其四，游戏治疗有助于儿童的情绪恢复。游戏（如沙盘游戏）可以帮助孩子将他们的内心感受与外部世界联系起来，将真实的经历与抽象思想联系，重复性游戏也是儿童宣泄创伤事件的一种方式，也可让家长或是治疗师观测到儿童创伤性应激的症状。

当然，强化亲子依恋、保障良好师生关系、鼓励同伴积极交流、强化团体活动、注重睡眠质量、避免孩子独处等都是有效干预的组成部分。

静老师说

儿童期的 PTSD 具有隐匿性，不同年龄、不同特质的孩子，所经历的创伤类型不一样，因此其产生的反应亦会有明显的差异。有的孩子表现突出但并不意味着其就难以恢复，相反有的孩子并没表现出特别明显的变化却可能影响深远。虽然大部分儿童 PTSD 可以恢复正常，但也有一部分难以获得家长的理解和恰当的支持，这可能对孩子的一生造成消极影响。

因此，在孩子陷入不良境遇或遭遇创伤性事件的时候，家长们需要提高警惕，平时注意观察孩子，增加对孩子的陪伴和理解，同时及时寻求帮助，切勿持有侥幸心理，以免耽误治疗和恢复。

孩子总是沮丧怎么办

沮丧的小男孩

7 岁男孩小烨在妈妈生了小妹妹后，开始变得闷闷不乐，常常感到沮丧并无端地发脾气。最近竟然对着妈妈扬言："我不想活了，反正你也不爱我了，你有妹妹就够了。"这番表现着实把小烨父母吓得不轻，赶紧带小烨来咨询。

小烨父母告诉我，小烨这种情况已经持续一个多月了，每当他发脾气时，妈妈就会过来百般安抚和拥抱他，这时他就会感到满足和消气；过不了两天小烨又会故伎重演、变本加厉，这让父母感到束手无策、抓狂不已。

小烨的情况显然就是所谓的"同胞竞争"引起的情绪困扰，他害怕家里有了妹妹后爸爸妈妈不再爱他和关注他了，他会竭尽所能地引起爸爸妈妈对他的关注。关于"同胞竞争"可进一步参看第四章的"'同胞竞争'是怎么回事"，这种情况严重时有可能会引起"同胞竞争障碍"，即一种情绪障碍。

沮丧的孩子在家通常显得情绪低落，频繁抱怨和不满，缺乏童年期应有的快乐，容易伤心和哭泣，情绪激动时要么哭闹愤怒，要么攻击砸物，可能会过度纠缠父母，不断吸引大人的关注。

在幼儿园或学校，这类儿童也显得情绪低迷，易怒、易激惹，食欲不振，尿频、尿急或尿裤子，对安抚或是表扬不在乎，不乐意参与集体活动，学习动机不足和成绩不稳定。

怎么办好呢

第一，父母应该敏锐观察孩子沮丧与发脾气的原因，并及时做出恰当反应。例如，我告知小烨的妈妈，当孩子发脾气时她要及时用一种平静、自信而开放式的问题询问："你是不是感到不开心了，因为妈妈看到你满脸不高兴的样子，是什么事情让你不高兴啊？能不能告诉妈妈，看看妈妈能不能帮到你？"

第二，可以用半认真半开玩笑的方式探寻他沮丧的原因，如"是不是有同学欺负你了""我敢打赌，你不高兴是因为妈妈不让你玩手机""是不是因为妈妈与妹妹在一起的时间长，没注意到你，你是想让妈妈多陪你玩一会吗"等，探明孩子沮丧的根本原因。

第三，一定要保持乐观而坚定的态度，父母勿轻易断定自己了解孩子沮丧和发脾气的原因，大人往往容易按个人思维定式去判定孩子在想什么、为什么生气，其实际情况并不一定如大人所想。如小烨妈妈开始一直以为孩子在学校遇到了麻烦事才不开心，并没意识到妹妹的到来才是让他烦恼的原因。

第四，父母每天抽出一定时间，至少花半小时与孩子玩耍、沟通或做些有趣的事情，要根据孩子的兴趣开展互动内容，而不一定由父母规定活动内容。注意，不要让孩子独自一人长时间玩耍或是发呆，也避免孩子长时间独自看电视或是看书、玩手机等，要及时介入孩子的活动并引起孩子的察觉，诱导孩子与父母交流和互动起来。

第五，勿批评或是恐吓孩子。父母不该动辄发脾气或是沮丧，更不应冷嘲热讽孩子"不懂事、太幼稚、烦人、没事找事"等。如小烨发脾气时，他父亲曾威胁道"你再动不动发脾气，我就把你送到学校寄宿，这样既能锻炼你的独立性，也能控制你乱发脾气"，小烨信以为真，反而更加缺乏安全感，变得更容易哭闹，深信爸妈不再喜欢他了。

静老师说

对敏感而容易沮丧的孩子，父母应保持敏锐观察，并要保持明朗而自信的态度，及时发现孩子的不良情绪，及时与孩子保持畅通无阻的沟通，让孩子明确说出自己的感受，但不要取笑或是责备孩子不应该有如此想法等，更无须讲大道理，别试图呵阻孩子宣泄情绪，别用父母自以为是的方法阻止孩子表露情感。父母若过度干预和阻止孩子情绪的宣泄，当他愤怒时，非要让他高兴起来，结果会适得其反。

如第四章中"如何正面管教孩子"一文所叙，父母坚定、正面、积极而非溺爱的教养态度可以提高孩子的抗压能力，父母要随时察觉到孩子的情绪状态，同时表达对他的理解，亲子间产生共情，一起协商找出解决情绪困扰的方法。

当然，也没必要过度担心和过度保护孩子。父母的养育焦虑，必然引起过度关注，继而导致过度介入并干预孩子，结果是孩子无法用自己独立想法和措施去应对挫折，无意间弱化了孩子的探究行为和解决问题的智慧，同样也会让孩子感到沮丧，因为孩子体验不到自己解决问题带来的快感和自我奖赏。

同胞竞争引发的问题，父母就要在孩子间做到"一碗水端平"，勿厚此薄彼、另眼相待、"指桑骂槐"，在此不再赘述。

如何识别孩子的抑郁症

背景与解读

网上曾沸传过某市一少年突然跳桥自杀的新闻，公众从不同角度解读着事件的性质与内涵，各种声音不绝于网，总之少年的结局令大众心疼和唏嘘不已。人们不由问起，是什么原因导致孩子用如此冲动而惨烈的行为结束自己的生命呢？抑郁症、母子冲突、不堪压力、暴怒发作、遭遇霸凌等，解读纷纷却难以理清……

不可否认，儿童抑郁症（情绪障碍的一种症状）似有增多趋势，令许多患儿家长极度担忧和恐惧孩子是否出现不测行为。因为，患儿通常表现为情绪起伏剧烈、行为冲动、自卑自责、肠胃功能失调，并有自伤和自杀行为，甚至自杀身亡。

鉴于此，这里专门介绍一下儿童抑郁症。

一般来讲，情绪障碍是导致儿童青少年自伤和自杀的主要原因，其中典型的症状就是抑郁症。抑郁症的特征是一种持续的情绪低落并厌恶活动的状态。

儿童抑郁症较成人更隐匿和难以察觉，家长和教师发现孩子不对劲时，往往意味着其抑郁症状已经发展到了较为严重的地步，也就是说，儿童出现自杀行为通常是"冰冻三尺，非一日之寒"的结果。由最初的焦虑、害怕、逃避、沮丧、强迫、缺乏快感等一系列行为缓慢积累，最后量变发展为质变，出现自杀行为。

儿童抑郁症并不会像成人那样典型，且他们一般不愿甚至拒绝诉说内心的痛苦与不良感受；有的可能合并述情障碍，即他们无法用语言准确地表达自身的感受。

儿童抑郁症一般会与焦虑障碍和行为问题并存，大人看到的主要是外显的行为问题，如无端发脾气、哭泣、拒绝、违拗、攻击、回避、暴饮暴食、突然肥胖、睡眠问题等。对此家长要么简单粗暴训斥、要么讲大道理说服、要么讥讽或嗤之以鼻、要么粗心不理会，一般不会当作精神心理问题去看医生。

国外资料显示，大约8%的儿童青少年患有抑郁症，去医院向医生咨询的中学生中，一半以上具有焦虑障碍，其次为抑郁症（41%）、人际关系问题（34%）和自杀意念（20.5%）。而且被诊断为抑郁发作的儿童中，五年内复发的比例高达70%。平均而言，青春期女孩患抑郁症的风险因素多于男孩，女孩患抑郁症的比例是男孩的两倍。

目前，自杀成为15～19岁青少年死亡的第三大原因，由于自杀未遂而导致的儿童伤残比例也很高。儿童的重复自伤行为也是抑郁症的表现之一（可查看第二章之"孩子有自伤行为时怎么办"）。

哪些原因导致儿童抑郁症呢

首先，儿童抑郁症发病的原因较为复杂，不排除具有家族遗传性和某些神经生物学方面的因素。但是，不良的养育环境、父母养育态度、家庭功能失调（这里特别强调第四章中"家庭功能失调对儿童心理及其成长的危害"一文所述的危害作用）、父母的性格特点等都是关键的诱导因素。

举个例子，有位母亲独自来访，她说道："我的女儿11岁了，两年来总是和我生气争吵，起初我以为是青春期的叛逆表现而未予理睬。后来教师投诉她总是拒绝上体育课，且容易生闷气，不理教师同学，鉴于学习成绩还过得去我就没当回事，只是与教师沟通求得谅解了事。有一天她的好朋友私下告诉我，女儿与她讨论过自杀的问题及方法，这使我惊恐、焦虑万分，不断自责，不知如何应对。"

显然，她的女儿是患了抑郁症，同时我感到这位母亲也有抑郁特质，叙述中不经意将过往的不幸事情归咎于女儿，并说女儿的要求过多过频，永远都没法满足她。

由此，首先谈谈母亲的性格问题。具有抑郁特质的母亲在家中情绪是消极的，有可能经常易怒（退缩和攻击两极化）、无助、活力差、参与家庭成员活动意愿弱、沟通不良、感情淡漠、对孩子容易批评和表示不满，也容易引起家庭冲突、婚姻危机以及家庭功能紊乱。

在这种家庭氛围中成长的儿童很早就会表现缺乏快感、抗压能力脆弱、拒绝上学、抑郁、哭泣、回避社交、自伤、扬言自杀及自杀行动等。有研究报道，在父母具有抑郁特质的家庭中，其孩子进入青春期前后更容易罹患重型抑郁障碍，而且也有很高的惊恐障碍及酒精或其他物质依赖风险。

其次是生活压力及应激事件容易诱发儿童抑郁症。对儿童来讲，父母争吵离异、家庭暴力（参见第四章中"家庭功能失调对儿童心理及其成长的危害"相关内容）、搬家、转学或转班级、父母生重病、受到过度关注和保护、遭受欺凌、友谊破裂、考试挫败、遭受惩罚、遭虐待或性侵、失去亲人、遭受遗弃等均是应激事件。

5～12岁儿童若失去父母，约有一半会出现重型抑郁障碍；30%的青少年会因同学或朋友非正常死亡（自杀或遭枪击）而出现抑郁症，如美国校园枪击案后，通常会引起经历事件后的同校青少年罹患抑郁症乃至自杀。

最后是儿童自身情绪调节功能低下的问题。研究显示，自幼情绪紊乱、容易哭闹且不易被安抚或苦恼时较少寻找大人安抚的孩子，有可能存在情绪调控功能失调。他们特别容易长期体验不到快感，且容易长时间经历痛苦和悲伤感，以至于无法调整心态或难以克服自己的消极情绪，遇到事情通常采取逃避和自我惩罚，直至抑郁发作。

儿童抑郁症发病的迹象

如果孩子持续出现以下现象，就值得父母和教师关注了，应敏锐察觉孩子的情绪与行为状态，并能够及时加强亲子沟通，同时应积极寻找专业医师求得帮助。

（1）郁郁寡欢、缺乏活力、低自尊、容易疲劳。

（2）无缘无故发脾气、暴怒和哭泣，且显得特别委屈。

（3）食欲下降或暴饮暴食，体重增加快。

（4）精力低下和成绩下降，做事犹豫不决。

（5）明显的无助感，缺乏孩童期应有的快乐和笑声。

（6）注意力涣散、不愿上学、不愿社交、不愿与家人待在一起。

（7）蜗居家里不愿出去，沉迷于电子游戏或其他物质依赖。

（8）睡眠不佳、生活节律昼夜颠倒、赖床不起。

（9）扬言活着没意思，有自杀言论和探讨自杀方法等。

（10）对学校不满和抵触上学。

（11）有经常在学校遭受欺凌的经历。

（12）对自己不满，总觉得自己一无是处，自我贬低。

（13）对表扬不在乎，曲解别人的赞扬。

（14）无端地自我惩罚、自己打自己。

静老师说

儿童青少年的抑郁症通常隐匿而难以察觉，且症状多变而不典型，尤其是进入青春期的青少年伴随着生理和心理发展与变化，情况就更加复杂。加之目前大部分小学和中学学习压力大，住校率也较高，家长往往难以和孩子进行充分的情感交流，久而久之孩子也不愿意开口向家长倾诉和寻求帮助。如此一来，家长和孩子之间的信息就会不通畅、不对称，彼此之间就难以理解对方。所以当发现孩子明显不对劲时，其症状可能已经发展到比较严重的地步。

家长和教师需要提高疾病意识，增强对抑郁症发病迹象的认识，才能在孩子需要的时候及时给予支持和帮助。平时也要寻找机会和孩子多交流沟通，学会理解和积极回应孩子的情绪，避免凡事"上纲上线"和批评教育，而应抓大放小，多倾听孩子的心声，多鼓励和认可孩子，给彼此多一些愉悦的相处时光，为孩子提供通畅的沟通渠道，做孩子坚实的后盾。

儿童会得双相障碍吗

什么是双相障碍

儿童会得双相障碍吗？当然会。早先双相障碍/双相情感障碍（BP）被认为只有成年人罹患，很少在儿童、青少年中受到关注。近年来，儿童中罹患双相障碍的越来越多，尤其是青春期后增长迅速，估计青少年终身患病率在1%左右，男女发病率差不多。而且，双相障碍特别容易与儿童多动症和学习障碍合并出现。

顾名思义，双相情感障碍是指当事人既有躁狂发作，又有抑郁发作的一类精神疾病。有人描述双相障碍的交替情感是：患者的情感是冰与火的跷跷板，抑郁时就像透过一块灰色玻璃看世界，而躁狂则是像透过万花筒看世界。不安、激动和失眠是儿童双相障碍的典型症状。

举个真实案例：14岁的少年阿华被收治在某医院儿童病房，是因为他在家和学校经常喜怒无常、失眠、易激惹、说起话来滔滔不绝、课堂上常骚扰别人，还与女同学讲下流话；时而又情绪低落，对父母不理不睬，被教师叫到办公室训话时哭泣不已，说不想活了，于是被家长紧急送到医院治疗。在住院期间，阿华经常兴奋地喊叫，或连续不断地唱歌，没完没了地打扰病房其他人，有时还会将自己裹在毯子里缩成一团，哭泣得无助可怜，医护人员问话也不理不答，脑子里尽是无助绝望和想死的念头。主治医师下的诊断便是儿童双相障碍。

再譬如，一个双相障碍的女孩说自己就像断了线的风筝，在情绪风浪中暴涨暴跌。她曾在一个工作轻松而理想的单位上班，但她从未有过轻松的感觉，总因为情绪波动而备感煎熬。情绪低落时，压根不想与人打交道，无论是客户、领导还是同事；她觉得别人的眼神让自己感到有压力；她总觉得自己不如别人，或别人说话都是针对自己的。可有时又自信满满，情绪高涨时非常友善和乐于助人，且不乏幽默和新奇想法，思维仿佛飞逸，连续几天兴奋得难以入眠。正是这种交替的情绪困扰，使得她不断请假，最后被单位除名。她说，最痛苦的是，她无法把握自己，也无法信任自己。曾经感兴趣和着迷的东西，都一点点远去，灰化，碎掉，最后变得无法对任何东西感兴趣。

值得注意的是，双相障碍儿童处于抑郁阶段时，表现持续的悲伤、烦躁和愤怒，对以前的家庭生活、同伴活动、学习等都失去兴趣，经常会陷入不适当的内疚、绝望之中，贪睡或难以入睡，食欲和体重也发生变化，经常感到疲惫不堪，注意力难集中，产生自我厌恶感或无价值感，直至想死或自杀。有些患儿会表现妄想和幻觉，意味着抑郁症状加重，若未及时干预很可能会导致自杀，而且儿童期发病年龄越早，情况越严重。

与此相反，当青少年处于兴奋期时表现过分自大自信，好像有无穷的精力和力量，觉得自己无所不能，高危行为增多，经常兴高采烈，高谈阔论，连续几天少睡或不睡也不觉得疲乏。其实这些高昂的情绪背后，恰恰是他们体验最悲伤和痛苦的阶段。

另外，青少年如果对性的话题感兴趣或过度关注（如看黄色视频），喜欢讲黄色笑话，他们有可能出现性的尝试，或是做出无节制的性行为。

美国曾报道，儿童双相障碍与品行障碍合并出现的概率很高，他们可能会偷窃、离家出走、吸烟酗酒、药物滥用和性滥交。

是什么原因导致双相障碍呢

其实，双相障碍的发病原因因人而异，至今还没弄清该病的确切原因和发病机制。归纳起来，大致有以下几个方面的风险因素。

一是遗传。与一般人群相比，双相障碍的一级亲属患同样病的风险高出十多倍。同样，与一般人群相比，双相障碍的亲属中患有抑郁症的概率高三倍。基因测序方法研究得到的结果很多，且并不一致。

二是环境因素。社会心理因素对儿童发病起着重要影响作用，遭遇重大生活事件打击的儿童更容易罹患双相障碍。2013年著名医学杂志《柳叶刀》上报道，30%~50%双相障碍的成年人报告：自己在儿童时期有过创伤性体验和遭受虐待的经历，这与他们的过早发病、想自杀、自杀未遂等行为也高度相关。

另一项研究发现，儿童双相障碍的发生与他们童年期的压力应激事件呈高度相关，这些孩子回忆自己经历过太多的压力事件，特别是养育环境恶劣而非儿童自身行为造成的事件，如创伤后应激障碍。家长的易怒、殴打孩子、养育排斥、夫妇暴力相加、否认和蔑视孩子的价值等都是风险因素。这方面可参考本章中"童年期遭受的创伤，会挥之不去吗"和第四章中"家庭功能失调对儿童心理及其成长的危害"。

另外，神经性损伤也可导致儿童发病。不过这种情况较少见，如颞叶癫痫、创伤性脑损伤、多发性硬化症、艾滋病毒感染、卟啉症等。

基本对策

儿童双相障碍需要多重治疗计划，包括对父母的咨询指导、对孩子的心理干预治疗以及药物治疗、家庭功能指导训练等。治疗的目标是减轻孩子的病症，同时预防疾病再次复发，促进儿童长期的健康发展，改善家庭功能和亲子关系。

（1）诊断和住院治疗：孩子一旦出现前文中所描述的表现和改变，而父母不明情况及缘由时，需尽快寻找精神科医生进行诊断，并建议急性发作期接受住院治疗。

（2）心理治疗：心理治疗的目的是缓解孩子的主要症状，了解引发疾病的因素，减少家庭关系中的负面影响因素，通过识别预兆症状来预防孩子病症的复发，也可通过心理治疗师帮助孩子建立较好的人际关系并缓解其心理压力感。目前采用的主要方法有认知行为疗法、以家庭为中心的疗法和心理教育等，这些方法被证明是非常有效的。

（3）药物治疗：目前临床上许多药物可用于治疗双相障碍。具有最佳疗效的药物是锂盐，它是治疗急性躁狂发作、预防复发和双相障碍的有效药物。锂盐可降低双相障碍患者的自杀、自残和死亡风险。锂盐是一种广泛存在于自然环境中的普通元素，如饮用水里也含有锂盐，只不过含量太低而不起任何作用。不过，用锂盐治疗儿童双相障碍患者时还需要慎重，与其他药物合并使用时不排除增加毒副作用的可能。因此，如果孩子所处的家庭关系紊乱，或是家庭功能失调（见第四章中的相关内容）的则不建议使用。奥氮平可有效预防复发，但抗抑郁药没什么疗效。阿立哌唑的作用也是有效的。

（4）电痉挛疗法（ECT）：是治疗双相障碍患者急性情绪障碍的有效方法，尤其是在表现出精神病或紧张性精神障碍时。但是否适用于儿童患者，则尚缺乏临床研究的依据。

静老师说

　　药物治疗确实能够控制儿童双相障碍的症状，但不可能改善相关的功能损害，如学习、人际关系、不良嗜好等。心理干预有助于指导和改善不良的家庭环境与亲子关系，同时有必要告知家长，一味抵触用药或擅自停用药物的结果是容易导致孩子疾病复发。医生有必要告知家长违背用药治疗原则的负面作用，指导家长如何识别孩子疾病复发前的征兆或是相关的症状。

宝宝经常夜间哭闹是怎么回事

为"夜哭郎"抓狂的父母

门诊中前来咨询的父母经常提及自己的孩子幼小时特别难带，且经常夜间哭闹不止，搞得父母身心疲惫不堪，老百姓所说的"夜哭郎"部分指的就是这类儿童。最典型的就是半岁内的婴儿夜间哭闹，令父母心惊胆战、记忆深刻，通常是一旦哭闹起来，哄抱喂奶都无法缓解，直至哭得声嘶力竭才安静下来。婴儿夜间哭闹确实使家长尤其是母亲彻夜难寝，为此，初为父母者极易惊恐和焦虑，夜间轮番起床哄抱、摇晃、安抚"夜哭郎"是常有的事情，甚者深夜抱着孩子狂奔医院看儿科急诊，乱投医者也为数不少。

是肠绞痛引起的吗

大约30%的婴儿会出现夜间哭闹，出生后6周至半岁最为频发，但很少持续至1岁。社区数据表明这些孩子平均哭闹时间可达3小时以上，医学上早先认为是婴儿肠绞痛导致的哭闹，因此称其为"婴儿肠绞痛"，还定出所谓界定"三标准"，即每天哭闹3小时以上、每周发生3次以上，且连续表现3周以上。

闹腾的婴儿具有相同的表现，例如，脸红、皱眉、紧握拳头、圈腿，并发出凄厉、刺耳、高频的尖叫哭闹声，发作前没啥特殊征兆，多于傍晚入睡前或半夜高发。

说是肠绞痛引起婴儿哭闹，目前仍缺乏直接的依据。起初怀疑婴儿哭闹也可能导致过度吞气而使胃肠胀痛，加重哭闹，但影像学检查并未发现肠胃部轮廓异常。于是有医生推测，也可能是肠胃过度蠕动所致，因为给婴儿试用小剂量抗胆碱能药可缓解哭闹症状。

在父母养育和心理因素方面，没有证据说明父母焦虑会导致孩子夜间不停哭闹，当然与父母的性格特征也没有必然关系，因为由训练有素的职业治疗师照护这些"夜哭郎"，其哭闹仍会频发和高发，反而婴儿夜间哭闹会增加父母的焦虑。调查显示，"夜哭郎"与孩子的难养型气质关联也不大，后者指经常哭闹、烦躁易怒或爱发脾气、不易安抚的孩子；而且，这种哭闹与喂养类型（母乳或奶瓶）、孕龄（足月与早产）、社会经济状况或季节也没什么关系。大部分夜间哭闹的婴儿不会造成任何不良后果，半岁以后上述情况均会自然消失。

医学研究还报道了如下可能的器质性病因：婴儿偏头痛、硬膜下血肿、便秘、牛奶蛋白不耐受、胃食管反流、乳糖不耐受、肛裂、脑膜炎、中耳炎、尿路感染、病毒性疾病、角膜擦伤、眼部异物、隐性骨折等，但这些只是总体哭闹婴儿5%的原因。

应对建议

首先，应通过医生检查确定是否有器质性病因存在，如有，则采取针对性的治疗，若没有，也需获得医生相应的咨询指导。当婴儿因腹胀而哭闹发作时，可将孩子竖抱，头伏于肩上，轻拍其背部排出胃内气体，亦可用手轻轻按摩婴儿腹部，或试用毛巾包裹热水袋置婴儿腹部以缓解可能的肠痉挛，也不妨试用开塞露进行通便排气。

其次，坚持母乳喂养。母乳含有婴儿生长发育所需要的各种营养物质，母乳中乳蛋白与酪蛋白的比率更易于婴儿消化吸收，而牛奶中大部分为酪蛋白，在胃中容易结块，不易消化，易使大便干燥（鲁慧峰，2010）。坚持母乳喂养6个月及以上的婴幼儿肠绞痛发生率要低得多，母乳中没有鸡蛋、小麦、大豆或坚果类食物所包含的致敏成分。美国儿科学会也不建议对肠绞痛哭闹婴幼儿使用大豆配方食品。

最后，调整和改善婴幼儿膳食。对母乳少或已使用配方奶的婴幼儿，需要根据营养专家指导选用恰当的配方奶粉，如完全水解蛋白配方奶能有效减缓症状。益生菌也可能会有缓解作用，如含有罗伊氏乳杆菌。但没有依据证明补充婴儿饮食中的纤维素或乳糖酶之类的配方会起作用。

父母须慎用一些未经证实的方法，如给婴儿喝含有洋甘菊、马鞭草、甘草、茴香和柠檬香脂混合的药茶。目前网上也容易查到一些干预方法，如美国产妈宝乐"Gripe Water"的植物配方水，内含豆蔻、甘菊、肉桂、丁香、姜、柠檬香脂、薄荷等物质，一度被吹捧为缓解胃肠胀气和消化不良的"良药"，但并非完全没有风险，如若执意使用，也应在医生指导下使用。

静老师说

从专业角度来讲，我更担心如下情况的发生：婴儿夜间哭闹可能会影响到家庭安稳，导致父母恐惧、焦虑、疲惫和长期压力感，甚至成为父母短期焦虑或抑郁的诱因。

有资料显示，婴儿持续的夜间哭闹会影响夫妻婚姻质量，且诱发母亲的产后抑郁、养育排斥、过早终止母乳喂养、不停地去看医生、频繁用药等问题。而且，也不排除个别父母会对哭闹的婴儿采取忽视和虐待行为，有的父母索性将孩子交给祖辈老人或保姆代养，人为造成早期母子依恋剥夺。

孩子为什么害怕上学

"十一"长假后有几位家长领孩子来看诊，主诉竟然不约而同是孩子害怕去学校：且表现精神不佳、睡眠质量和食欲下降、晨起诉说头痛、肚子不舒服，个别出现呕吐或干呕现象，并一再哀求父母诉说不想去上学。这种情况叫作"学校恐怖症"，典型症状就是害怕和拒绝去上学或幼儿园。

学校恐怖症可发生于任何年龄儿童，男女童发病率差不多，害怕上幼儿园也属此类问题，症状较重的孩子不愿上学，从每周只愿去 1~2 次到几周或几个月都不愿去。孩子发病时的生理症状有：紧张、肠胃不适、疲倦感、尿频尿急、呼吸急促、眩晕、睡眠不佳等；上学前或前一晚出现头痛、咽痛、头晕、腹痛、恶心、呕吐、腹泻等症状，个别儿童会出现低热或持续发热，体倦卧床，户外活动水平明显下降。很多父母以为孩子得了感冒或肠胃疾病去看医生，因此误诊漏诊现象很普遍。父母即便强制将其送到学校或幼儿园，儿童害怕和不去学校的情况也会经常反复。

行为症状包括：每到上学或幼儿园时就哭泣、纠缠父母、吵闹、暴怒、缺乏安全感、乞求不想去学校，害怕与父母分离（分离焦虑）。若借故留在家里则上述症状消失，一如常人。有的孩子会向父母提各种要求作为上学条件，且要求越来越多、越来越苛刻，即使父母给予再多奖励与承诺也无济于事，去到学校后表现退缩、不愿与他人打招呼，上课忧心忡忡、提心吊胆、怕教师提问，若被提问，则心慌意乱、张口结舌；有的孩子会经常给家长打电话，哀求父母早点接其回家，一旦放学则如释重负并急盼回家，上学期间盼望周末，周末兴高采烈，周日晚上开始焦虑不安，次日症状明显而不肯去上学，个别儿童有逃学现象。

学校恐怖症是一种儿童期情绪障碍，为恐怖症的一个类型，发病与很多复杂因素有关，主要由早期的母子分离焦虑或幼儿园恐怖发展而来，这些情况在本质上有着共同特征，就是害怕离开母亲。家庭诱因有：如亲子早期依恋不足、父母养育焦虑、过度关注呵护、娇生惯养、寄养寄宿等，父母感情不和、争吵暴力、父母离异家庭也容易出现此情况。环境因素有：孩子若在校或幼儿园有不良体验，如遭受恐吓、体罚、欺侮、考试成绩不稳、被提问、目睹恐怖情境、学习压力大等负面因素均可诱发学校恐怖症。

有些父母本身具有刻板和强迫行为特征，对子女期望值高，对儿童过于苛求等亦可导致症状发生或加重，来自这种家庭的孩子自幼行为乖巧听话，且有"强迫性自勉"表现，即过度投入学习，害怕名次落后、害怕师长失望，其潜意识里渴望经常得到父母或教师的认可与褒奖。

另外，学校恐怖症在应试教育国家更多发，如日本、中国、韩国等国发病率较欧美要高。大体有三个高发年龄段：3～7岁为第一高峰，主要与亲子分离焦虑有关；11～12岁为第二高峰，与升中学、功课增多、考试焦虑、学习压力加大、更换学校重新适应新环境和人际交往困难等因素有关；14～16岁为第三高峰，与青春期发育、独立意识增强、人际关系紧张、学业受挫、情绪问题等有关，可演化为学校恐怖症，即以社交退缩和抑郁症为主的现象。有些心理行为障碍儿童也可出现学校恐怖症，如多动症、学习障碍、高功能自闭症、智力落后、抽动症、遗尿症等。那些方言重、肢体残疾、长相欠佳、肥胖或瘦弱、矮小、长青春痘、常遭同学讥笑和羞辱的孩子也可发生学校恐怖症。

学校恐怖症的矫治，父母最好咨询专业医师求得帮助，治疗还需要医生、学校、家庭三个方面积极配合，建立良好的协调与协作才能奏效。

首先，须查明孩子恐惧上学的原因及影响因素，尽力帮助其消除上述环境和心理方面的诱因，缓解焦虑、恐惧的情绪，增强学校的吸引力。

其次，父母避免简单粗暴处理，当孩子症状明显时不宜强制送学校，应给予孩子同情、理解与支持，多沟通和鼓励，适当调整期望水平；若有同胞或同学协助，可起到示范行为作用。当然，与孩子班主任沟通协调也很重要：建议教师亲切和蔼地对待孩子，平时多予关心和鼓励，避免体罚、批评、粗暴对待。应告知班级同学以免嘲笑他，同时可鼓励同学到其家中陪同作业、一起上学，促进同学之间关系，提高孩子的团体归属感。学校和家长可积极安排孩子的某些专长活动，以提高其自信心，体验愉快和成就感。若为学校应激事件引发，父母可与校方沟通协调，尽可能避免和减少学校方面的诱因，如必要时，还可进行家庭治疗。

最后，如合并严重焦虑、恐惧和抑郁的儿童，则有必要结合用抗抑郁或抗焦虑药物治疗。专业机构提供的心理治疗有系统脱敏法、阳性强化法、暴露疗法、心理剧等。也可用放松训练、逐级暴露或想象脱敏等方法帮助儿童返校。预演暴露和认知重组方法可提高孩子社交技能，减少社交焦虑，改变歪曲认知，达到返校的目的。

静老师说

发现孩子出现害怕或者不愿意上学的现象，家长要引起重视，要先理解和接纳孩子的感受，尝试换位思考，增强和孩子的沟通，耐心了解其不愿上学的原因。倘若孩子一时不愿沟通交流或者难以说明原因，则可以尝试从教师、同学等侧面了解可能的原因。明确孩子害怕上学的原因，才能切实帮助孩子解决问题、克服困难。切勿"以己度娃"，认为是孩子调皮、逃避、说谎或者是不听话，更不要一味斥责孩子或者强迫孩子回校。害怕上学在早期发现时积极地介入是相对容易调整孩子的心态和改善这一情况的。

但仍需要注意，害怕上学多数情况下并非由单一原因所致，和孩子本身的个性特征、家庭养育、学校教育和同伴关系等多个方面均可能相关，除帮助孩子缓解情绪上的恐惧和焦虑之外，还需要帮助孩子建立更为广泛的支持系统。

此外，孩子害怕或者不愿意上学会直接影响家长的正常工作和生活，给家长带来巨大的心理压力。在此情况下，家长们也需要正视这种压力和焦虑，并进行自我调整和疏导，互相支持，从而才能更好地支持和帮助孩子。

儿童"害怕离开妈妈"是一种病吗

母亲领着5岁的小明来咨询时描述道："这孩子一点都离不开我，无论是去幼儿园还是到操场上玩耍，总是纠缠哭闹不止，拉着我的手不撒开。即便在家里，每当看到我要出门就会揪住不放，哭着喊'妈妈不要离开我，你出去会出车祸的，要是……怎么办'等，我生气时他会更烦躁不安，不断与我争论，我和我老公因此都快崩溃了，不知拿他怎么办好。"小明这种情况叫作儿童期"分离焦虑障碍"，是一种情绪障碍导致的疾病。分离焦虑障碍一般指儿童与依恋对象（主要指母亲）及家庭分离时出现的焦虑情绪和不适感，严重程度和持续时间因人而异。分离焦虑可见于不同年龄阶段的儿童，女孩稍偏多，婴幼儿更为普遍。分离焦虑障碍被权威诊断标准（如 DSM－Ⅳ）做了界定：指个体与其依恋对象分离或与其家庭分离有关的过度焦虑和发展性不适。

儿童的分离焦虑通常是由轻逐渐变重，最初有轻微的不适感、沮丧、抱怨、睡不好及做噩梦等，再发展到非要和母亲同床睡，最后发展到表现明显的情绪问题及躯体症状。孩子出现分离焦虑时，不仅主观上有焦虑、害怕、惴惴不安、哭泣和愤怒等感受，同时伴有肠胃不适、呕吐或干呕、腹痛、头痛、眩晕、心跳加快、发作性战栗、发热等生理性反应，个别儿童会出现"惊恐发作"，即惊骇下的木僵状态。年幼儿即表现弥漫性模糊的焦虑感，有的会反复做自己被陌生人抱走、绑架、父母死亡的噩梦。年龄稍大则会不断想象一些与患病、出事故、受伤、死亡等有关的情景。因此，分离焦虑严重的孩子会寸步不离父母，晚上要与父母同床睡；分床睡的孩子则夜间会跑到父母卧室门口蜷睡。学龄儿童则极易发展为学校恐怖症，并伴有明显的社交退缩、不出家门、害怕参加集体活动等。这种孩子的父母也易出现严重困扰和焦虑，结果是彼此相互影响，亲子关系陷入不良循环中。须知，持续性的分离焦虑可导致儿童抑郁症及自杀意念，有些孩子会合并害怕迷路、怕走失、怕黑、怕陌生人、怕动物等特定的恐怖症。

孩子分离焦虑一般与个人不良的体验和经历有关，如母亲养育忽视、缺乏安全感、过度溺爱、生活压力事件等，生活压力事件主要指初上幼儿园、上学、成绩起伏大、在校遭受恐吓、搬家、换学校、假期结束、家庭成员病故、父亲酗酒少回家、朋友离开、友谊破裂等。另外，父母也有可能存在养育焦虑表现，比如与孩子分离时表现出的对孩子过度担心、对自己则过分自责、内疚，那么孩子也容易出现分离焦虑。到了学龄期，分离焦虑儿童行为上少有品行不端、攻击等问题，反而有较好的交际能力，学习成绩不一定差，教师评价都会不错。但他们在学校会表现出坐立不安、啃咬指甲、回避与教师目光接触、说话声音小等。

儿童分离焦虑的矫治在临床上较为棘手且呈慢性过程；预防措施可参考前文"孩子为什么害怕上学"里提到的方法。当孩子出现严重的分离焦虑时最好到专业机构进行诊断和咨询，干预需综合运用多种方法：如患者—家庭的心理教育、学校咨询和干预、药物疗法、认知—行为疗法（CBT）及交感互动疗法等。研究显示，认知—行为疗法被认为是治疗分离焦虑的最好方法，而交感互动疗法则被认为是很有效且很有前景的治疗方法，即通过改变孩子—父母之间的交感互动，可使孩子的分离焦虑缓解，使孩子自我控制水平增加、勇敢行为巩固并加强、亲子依恋关系改善，也会减缓父母的焦虑（王力娟，2008）。有显著焦虑和恐怖感的儿童则需在医师指导下服用些抗焦虑、抗抑郁的药物辅助治疗，父母不可一味地认为药物有副作用而抗拒用药，这样反而会加重孩子的情绪障碍。

静老师说

　　与主要养育人（主要是妈妈）之间存在分离焦虑是婴幼儿成长过程中的正常现象，随着依恋关系的建立和婴幼儿认知的发展而出现。分离焦虑多从 8～10 个月开始出现，2 岁左右会达到高峰，刚入幼儿园的孩子多半都会出现不同程度的分离焦虑。但是随着孩子年龄的增长，这种情况会逐渐得到缓解或者能够被孩子调节过来。适度的分离焦虑对于婴幼儿而言是一种自我保护机制。

　　但是如果分离焦虑过度，就可能成为一种情绪问题或者是障碍，不仅会影响孩子，也会反过来作用于父母，相互影响。判断的关键是参考分离焦虑的程度、持续的时间、和年龄的匹配度，以及是否影响孩子正常的生活和社会活动，经诊断后需要及时地进行干预。

在家一如常人，在外哑口无言——谈谈儿童选择性缄默症

沉默的小男孩

　　一对夫妇带着 5 岁男孩走进门诊时，孩子紧紧依附在父亲身旁寸步不离；无论我如何逗弄、问小男孩话，结果都是"三缄金口"、概不作答，且不看着我。不得已，直接向父母问起孩子情况，他们答道："我家孩子在家说话交流很正常，且能够做任何与年龄相仿的事情，但是到了幼儿园

或是其他地方，就闭口无言，老师如何问话、劝诱都无济于事，就是不开口说话，且与其他小朋友的互动也很差，我们担心孩子是否患了自闭症，因此在老师建议下找医生咨询并寻求帮助。"凭经验和观察，我判断孩子压根不是什么自闭症，而是属于儿童情绪障碍中的"选择性缄默症"。

何谓选择性缄默症

这是一种较常见于儿童期的社交情绪障碍，接近1%的孩子在某一阶段会出现这种情况，幼儿园大班或是小学多见，女孩比男孩多见，主要特征就是只在最熟悉的场合（如家里）正常说话，而在其他场合则拒绝说话。早在18世纪，德国的医生就报道过这类儿童的病案。选择性缄默症通常与孩子的害羞或社交焦虑同时存在，如若遭受羞辱、恐吓或是粗暴对待时，缄默症状会更加明显，不排除这种缄默是社交恐怖症的极端表现。因此，著名的诊断标准DSM－5将这种病纳入儿童焦虑症里做了描述。

其实，这种孩子完全具备语言理解和表达能力，如在家里交流正常，甚至口齿流利，但在一般社交场合则完全不说话，有些学龄儿童可在学校保持多年沉默不语，常被他人视为是过度害羞或内向的孩子，而在家里他们交流正常，甚至滔滔不绝。当然，缄默程度因人而异，有些可与知心朋友无拘无束交流，或在有限的社交圈内进行交流，但在公共场合、学校以及大人问话时多拒绝回答或说话，也较少参加集体活动，活力、精力低迷，当众表现举止僵硬和不自然，有时会戴口罩来掩饰自己；除了父母或祖辈，拒绝与任何大人讲话也是其特点之一，严重时连与家人都不说话。有些患儿可持续至青春期或成年期，最终会影响到学业、就业乃至恋爱婚姻。

年幼缄默症儿童有时会容易与自闭症相混淆，在这点上值得家长和医生注意。因为他们都会表现社交性孤立、害羞、表情淡漠、对人群或是喧闹敏感、是非观强烈等症状。有些缄默症的孩子表现出较好的创造力和对艺术或音乐的热爱，也能够同情他人和理解他人的想法与感受。值得一提的是，一些高功能自闭症或是阿斯伯格综合征的孩子也会合并选择性缄默症，通常是由社交恐惧和挫败经历引起的。

引起选择性缄默症的原因有哪些呢

医学尚未弄清选择性缄默症的直接原因，大多数该症的孩子可能具有遗传的焦虑倾向；脑研究发现，他们大脑里控制情绪的中枢——杏仁核区域的功能容易出现异常激活，导致过度抑制情绪和行为反应，其结果就是社交回避和情绪困扰。可以肯定的是，社交焦虑通常是导致儿童选择性缄默症的主要原因，他们接触社交时主观上会有恐惧感和一种"被压垮"的感觉，于是通过沉默来屏蔽说话的功能。

另外，有些患儿会有语言听觉处理困难，导致他们听力理解和语言表达困难，即选择性缄默症中约1/3的孩子有语言方面的问题。有意思的是，据国外最近一些研究显示，具有选择性缄默症的儿童并没有早年创伤性体验或是经历过什么重大生活事件的刺激，但他们遇到挫折或是偶尔被粗暴对持时，立马就会表现出这种症状，表明他们对环境压力更易感。

再则，随着社会压力增加、社会矛盾增多、人口流动性加大、家庭问题及家庭矛盾增多，引发儿童选择性缄默症的因素增多，国内患儿也有增多的趋势。据报道，移民家庭中选择性缄默症孩子较多见，这显然与孩子在幼儿园/学校的语言学习和交流困难有关。

如何应对孩子的选择性缄默症呢

首先，应积极找医生接受诊断和治疗。他们的症状不会因年龄增长而减轻，未经积极干预治疗的孩子病情反而会加重，甚至发展为慢性抑郁症，乃至影响到孩子成年后的社交与生活质量。强迫孩子说话不大会奏效，只会让他们更加焦虑和恐惧，从而加重症状。有些父母会纠结于给孩子换个环境是否会好转，但是换幼儿园、学校或是移民不一定能够改善情况。倒是鼓励家长与班主任教师积极沟通，获得其理解并关怀和帮助孩子，情况会有所改善，在校避免当众提问、朗读、面对同学说话等；当他们用肢体或是非言语方式表达自己的意思时，勿视为没礼貌或是不当行为。

其次，父母尽可能多创造孩子的社交游戏机会。如好友组团出游，积极开展家庭游戏，邀请孩子的朋友、同学来家做客和做游戏，积极邀请教师做家访，鼓励孩子积极参与团体运动，陪同孩子看电影或唱歌，到游乐场玩等均可起到改善作用。当然，去陌生环境时需缓解孩子的焦虑，慢慢引导其熟悉环境，父母勿催、勿焦虑、勿过度保护、勿过多向他人解释孩子不说话的情况，顺其自然即可。父母消除自身的焦虑也是关键所在。

最后，积极进行心理行为治疗。目前通过专业机构，可对这样的孩子通过诸如系统脱敏疗法、刺激消退法、行为重构法等进行治疗。国外推介的一种自我行为塑造方法有一定作用，如将孩子带进教室或陌生场景中进行录像，先由医生或教师提问，显然不会得到答复；再由父母或熟人入室提问同样问题，此时孩子可能做出回答。再将视频的两个场景进行编辑对比后，连续几周给孩子观看，每当播到孩子有回答的情景时暂停画面予以强化。当然，如今手机极易记录孩子的社交场景，凡是有积极沟通情景的视频，经给孩子反复观看，均能够提升其交流的愿望和社交自信。

　　另外，对具有社交恐怖和焦虑抑郁的孩子，遵照医嘱可以小剂量用些抗焦虑、抗抑郁的药物，如百忧解，据研究报道这类药物对儿童患者不仅有效，还有良好的耐受性。因此，家长不宜一味地拒绝用药。

静老师说

　　选择性缄默症常被误认为只是孩子性格内向、不爱说话、大了就好了而被人忽略，或者家长直接使用催促、强迫、说教甚至打骂等方法来帮孩子改善，但其实这类孩子最需要的是家长设身处地地理解其在社交过程中的焦虑情绪，然后再慢慢引导。不恰当的方法反而可能会加重孩子在社交中的焦虑情绪。

　　此外，选择性缄默症与儿童气质特点中的敏感性和趋避性高有一定的关联。具备这样气质特点的孩子自幼就会表现出对外界的刺激较为敏感的特点，在接触陌生人、进入新环境或接触新鲜事物时容易出现焦虑情绪，需要时间去适应。如若父母能够理解孩子的特质，给予相应的理解和耐心的引导，孩子亦能够用自己的节奏去适应；而如果父母不理解，只是一味地按照自己的期待去要求孩子，就有可能导致孩子向选择性缄默症的方向发展。因此，父母需要提高自身的养育技能，充分了解自己的孩子，顺应养育。

第四章　教授与你面对面

——家庭养育的是与非

如何正面管教孩子

何谓正面管教

图书《正面管教》（*Positive Discipline*）颇受广大父母的欢迎。作者是美国著名的教育心理学家简·尼尔森，也是美国"正面管教协会"的创始人。《正面管教》被翻译成16种语言，在美国销量超过400万册，在美国之外的国家销量超过200万册。尼尔森大概是从2013年起就在我国各大城市进行巡回讲演，受到众多中国父母的欢迎。鉴于此，我读了她的这本书，很受启发，非常赞同她的观点。

正面管教是指一种既不惩罚也不娇纵地养育孩子的方法，其内涵是以尊重与合作为基础，倡导父母通过营造和善而坚定的沟通氛围，培养孩子自信、自律、合作、责任感、自主感以及自己解决问题的能力，帮助孩子在这个过程中获得"归属感"和"价值感"[①]。

尼尔森强调，正面管教是一种既不用严厉惩罚也不娇纵姑息的方法，它以相互尊重与合作为基础，把友善与坚定融为一体，以此为必须遵循的前提与基础，在孩子自我控制的基础上，培养孩子的各种技能。

父母容易出现的问题

我印象中，中国父母管教孩子的方式大都是直截了当，甚至简单粗暴。这类父母可归于尼尔森所说的"严厉控制型家长"。

举个例子：儿子吃完晚饭就得面临做作业，中国父母直接的说法就是"快点吃，吃完了回房间做作业，不要拖拉！"儿子此时的心情大都是无奈和闷闷不乐，慢腾腾地进到自己房间里。

接着大概就是以下几个步骤：

第一步，妈妈随着儿子进到房间，告知他快点拿出课本和作业，询问今天布置的作业有哪些，你不要像昨天那样拖拉，这种习惯非常不好，会影响你以后的成绩，会影响你的未来等等。

---

① 加大正面管教家长培训课程简介［EB/OL］.http：//blog. sina. com. cn/s/blog_d5b132c80101is6x. html.

第二步，妈妈浏览完布置的作业，便催促儿子赶紧动手，先做哪个题，再做哪个题，其间目不转睛盯着儿子自不必说，不断催促和唠叨随之而来；并不断指出儿子又错在哪里，"这种错误昨天前天你都在犯，你们老师就向我反映过多次，怎么就没个记性……"。

第三步，妈妈边责备，边语重心长地说："其实妈妈都是为了你好，妈妈是过来人，我和你爸为了这个家为了你辛苦操劳了半辈子，还要不断面对你们老师的投诉，你怎么就不给爸妈争口气呢。看看那些打工仔们干着又苦又累的活，勉强养家糊口，你不会是想成为他们中的一员吧……"不堪忍受的儿子这时也许会吼道："我不做了，我就想做个打工仔，咋地！"

第四步，妈妈怒不可遏，觉得此时不教训儿子简直是蹬鼻子上脸，狮吼叫老公进来助威，甚至扇儿子一巴掌，恐吓道："好好给我接着做作业，不做完别睡觉！"

过后，妈妈如此处理方式的解恨感维持不了半个小时，便开始愧疚而自责，同时因为孩子不理解自己的苦衷而沮丧，儿子这样下去学习跟不上，老师又得投诉，将来上不了重点中学，儿子的未来渺茫透顶啊……诸如此类。

遭受惩罚的孩子几乎都有以下几个感受：

（1）愤恨：他们简直不讲道理，我再也不相信他们了。

（2）报复：我就不听他们的，我下次要扳回一局。

（3）叛逆：我偏要对着干，我以后就不按他们的要求去做。

（4）退缩：偷偷摸摸不让他们知道，撒谎没有多少作业，形成不良自我意识"我是个坏孩子，老让他们操心"。糟糕的是，这种意识会形成自我暗示，同样情景激活同样反应：反正我不会做，消极等着惩罚的到来……

怎么办呢，正面管教如是说

正面管教强调：作为家长，面对孩子的行为应该形成持续的几个程序：

（1）理解孩子出现错误行为的目的和原因究竟是什么。

（2）友善而坚定地指出问题，并建立共同解决问题的目标。

（3）亲子相互尊重。

（4）家长要明白孩子的错误也是学习的机会。

（5）增强孩子的社会责任感。

（6）经常开家庭会议商讨面临的问题。

（7）鼓励孩子参与，共同解决问题。

（8）及时给予恰当的鼓励。

实施正面管教的主要标准是：

其一，要让孩子感受到归属感和价值感，我爸妈信任我，认可我，他们一般都会赞同我的做法。

其二，父母是否做到了与孩子们的相互尊重与鼓励。

其三，这种理念与做法是否长期有效。孩子从出生起，就在做一些可形成其性格、生活目标的决定，当遇到压力和不安全感时他们会做出自己独特的反应。这时，孩子的心里总在不停地想：我是谁、周围环境是怎么样的、我要做的是求生存还是求发展。

其四，父母是否教会孩子具有良好的社会品格和生活技能。这里必然包含原生家庭成员间的相互尊重、与他人的交往、协同解决问题、积极的亲子合作能力，以及为家庭、学校和社会做出贡献的技能。

其五，父母是否帮助孩子发现他们是多么有能力，欣赏他们的表现（记住，夸奖要恰如其分，勿动辄戴高帽子），鼓励孩子建设性地支配和应用个人能力与自主性，遇到挫折共同协商解决方法。

静老师说

养育00后以来，不得不承认，传统中国式管教方法越来越失去市场了，父母更新养育理念、迎接挑战已势在必行。

正面管教的优势在于：改善家长养育孩子的方式，改善夫妻关系和家庭氛围，建立符合孩子心理安全需要的亲密关系；它是一种易学和实用的方法，不是教孩子，而是教父母如何对待孩子。

欲想了解具体操作，建议父母们仔细读读这本书。所谓千人千面，没有两个孩子的问题是一模一样的，每个家庭也各有不同，正面管教只是提出了一些基本理念，具体到每个家庭和孩子，还需父母通过举一反三的方式去操作和练习。

虎妈式教育靠谱吗

虎妈战歌

美籍华裔教授蔡美儿（Amy Chua）2011年出版了一本风靡全球的书《虎妈战歌》，受到国内外不少家长追捧，主要内容为母亲采用严厉的育儿法（即为虎妈式教育）向孩子施压，迫使孩子在高水平课外活动（如音乐、美术、数学、舞蹈等）中取得成功，其核心是严格地执行教育方法中规定的每个细节。

蔡氏因书成名后，"虎妈式教育"概念迅速扩散至世界各国，网上盛传许多相关漫画。2014年以来，新加坡以及中国内地和香港等地拍摄了许多"虎妈"题材电视剧，主角刻画了一个同类型刻板的母亲，大多毫不留情地驱使孩子努力学习，最后损害了孩子的社会功能、身体发育和心理健康。

虎妈式教育实质指中国传统教育方式在美国的翻版，可谓是中西合璧的产物。不妨看看虎妈的教育规矩（周剑铭，2014）：

（1）不准在外过夜。

（2）不准参加玩伴聚会。

（3）不准参加校园演出。

（4）不准看电视或玩电脑游戏。

（5）不准擅自选择自己喜欢的课外活动。

（6）不准任何一门功课的学习成绩低于"A"。

（7）不准在除体育与话剧外的其他科目拿不到第一。

（8）不准练习钢琴及小提琴以外的乐器。

（9）不准在某一天没有练习钢琴或小提琴。

是不是挺吓人的？这些规矩显然具有浓重的中国特色，严格要求孩子按照既定目标去努力，不得松懈和半途而废。蔡氏称，这一系列的规矩是她基于美国学校的实际来制定的，因为美国儿童课余时间多，作业少。这与中国传统直升机式教育有所差别，是一种新型中西合璧的教育方式。

鉴于舆论和媒体炒作报道，蔡氏接受访谈时提到，中国读者们误解了她的理念与规矩要求，如果她的孩子在中国，也会指定有固定玩耍的时间，让孩子发展更多其他兴趣爱好。

东西方教育孩子理念与做法确有很大差异，中国传统教育观念要求孩子们整齐划一，严格要求接受教育和训练，按成绩论英雄；家长会随时得知孩子在班级的分数排名，当下家长微信群更是推波助澜。西方教育观念则普遍认为，应该让孩子们有自己更多的自主发展，才是好的教育方式，但也不乏批评者（黄艳钦，2012）。

中国式传统教育核心浸透了儒家文化思想，它倡导孝顺、家庭价值观、勤奋忍耐、诚实和通过追求知识致力于学术卓越和高的社会地位，本质还是"君君臣臣父父子子"和"学而优则仕"。

时至今日，教育在国内家庭中被视为重中之重，因为成功的教育是提高个人社会经济地位的重要途径。这种价值观深深植根于中国文化、亲子关系以及父母对孩子的期望中。从目前流行的应试教育、黄冈中学、六安市毛坦厂中学、统一高考、国家考试、公务员考试可窥一斑。

对众多青少年来讲，高考仍是人生中最重要的转折点。因此，各类课外补习班和婴幼儿早教风靡全国，俨然成了一整套教育产业，就不足为怪了。

效果如何呢

虎妈式教育颇具争论。社会上不乏虎妈的拥趸，认为父母严格的养育方式会产生高比例的杰出孩子，那些在人生中表现卓越学术才能的人，多自幼接受出色的音乐教育和专业训练。

《南华早报》系列分析香港教育体系竞争的文章中提到，许多香港父母出于对经济困难的恐惧，促使他们一早考虑孩子的未来，孩子出生后不久就竭力让孩子进入最好的托幼机构或是精英学校，并敦促和鼓励孩子在学习（特别是体育和音乐）方面积极参与竞争；这些父母相信这样做会增强孩子的竞争力，在中学和大学更易取得成功，会获得更好的社会经济地位。

与之相反，部分香港心理学家和教育工作者断言，这种虎妈式教育不但没用，还会伤及孩子的身心健康，其依据是目前在港 5 ~ 12 岁儿童中寻求精神科治疗者和青少年自杀者不断增多。

据青少年心理健康相关资料显示，在严格、控制和惩罚性虎妈教育下长大的孩子，会遭受长期的社会和心理方面的伤害。成绩上的挫败、家长的惩罚羞辱、长期体验高压容易使儿童产生慢性（隐性）焦虑、抑郁、自伤、自杀意念和自杀行为，这种情况在亚洲更为普遍。

据报道，韩国近年来青少年自杀率居高不下，一直被归咎于虎妈式教育。在韩国，学生压力来自超负荷的学习、有限的社会生活和家长对孩子严苛的教育施压，这些透支着的青少年反而更容易出现酗酒、物质依赖、攻击以及社会适应困难。

据《科学育儿》网站报道，高压教育结合暴力管教在许多亚洲文化中很普遍，包括中国、巴基斯坦、印度、印度尼西亚、日本、马来西亚、菲律宾、新加坡、韩国等（蔡凤梅，2005）。威权家庭的孩子可能会发现自己更难以自立和结交朋友。

2014 年《儿童发展心理学》杂志报道，在虎妈式教育下的孩子，教师和同学评价其助人较少，因此在群体中受欢迎程度也较低，当他们被迫无休止地学习时，更可能表现出对他人的攻击行为。高压和模式化教育方式带来的不良后果，会随时间推移而愈演愈烈。

静老师说

在我国，高考是一场没有硝烟的战争，很多家长将其作为改变孩子命运的跳板，于是出现了各种以高考为重要目标的中学，它们大都以"魔鬼式"训练闻名，并在高考战场上取得了巨大成功，被人们形象地称为"高考工厂"，六安市毛坦厂中学便是其中的典型代表①。

即便缺少流行病学依据，我在门诊工作中也感受到，目前因超负荷学习导致的厌学、逃学、学校恐怖、情绪障碍、抑郁和自杀倾向的儿童确实增多起来。

---

① 再访毛坦厂中学："高考工厂"如何使无数平民子弟避免进入工厂？［EB/OL］. https：//www. sohu. com/a/279571855_ 546106.

从文献回顾来看，孩子未来的成功并不取决于开始学习时间的早晚，而要看成长环境，雄心勃勃的早期教育可能造成神经拥堵（neurological crowding），反而影响孩子整体智力的发展。没有任何证据表明费用昂贵的早期教育（如阅读、数学、美术、音乐等）可以培养出超级儿童；过度早期学习同样会伤害大脑，损害神经回路，减弱大脑对日常经验的敏感性，而这些经验恰是儿童生命开端所必需的。

家庭功能失调对儿童心理及其成长的危害

家庭功能失调是指家庭内部一些剧烈的冲突矛盾、扭曲的情感模式、成员间无效的交流方式、父母行为异常等，可导致家庭关系长期异常，或濒临崩溃，这些情况最容易危害到儿童的身心健康和成长发育，其不良影响甚至可贯穿儿童的一生。如有些儿童的离家出走、人格问题、品行障碍、心理行为疾病、早恋及过早性行为、物质依赖、行为变态等恰恰与家庭功能失调有着密切关联，且不断在家庭成员间相互影响、相互作用，陷入恶性循环。孩子成年后的恋爱婚姻危机、社会适应不良、就业困难、不良嗜好等问题也与其早年的不良家境和父母养育方式不当有着密切关系。为"防病于未然"，父母有必要经常自我反省和自我纠正，勿自酿苦果、陷入绝望而无法自拔，最终导致亲子两败俱伤。

根据资料分析来看，我国的家庭功能失调具有以下共同特征：

（1）家庭成员彼此间缺乏同情和理解、冷漠而缺乏沟通与关注，家庭成员间存在明显而持续的厚此薄彼，个别成员被边缘化，尤其是有寄养经历的孩子。

（2）排斥和否认，如忽视和虐待孩子、家庭暴力。

（3）成员间界限不清或缺失，如成员间关系不当，过亲密或过疏远，容忍或无视成员间的情感虐待与忽视。

（4）不尊重或无视成员间的界限，如过度介入孩子的空间或过度接触、干预孩子，父母经常无正当理由而违反承诺。

（5）成员间经常发生极端冲突，暴力相加或争吵不休，频繁羞辱孩子。

（6）因出生顺序、性别、年龄、家庭角色能力、种族等原因，对个别或几个家庭成员的态度、待遇不公平，要求和规则不一致。

（7）父母人格问题导致极端地控制儿童行为，或夫妻间彼此嫉妒与孩子的关系。

（8）父母间经常因孩子问题发生冲突或离异，或离异后又住在一起，以"不想伤害孩子"作托词。

（9）父母不当的性行为，如家庭乱伦，夫妻性生活随便或放荡等。

（10）家庭成员间（包括儿童）彼此否认，或拒绝在公共场合在一起等。

（11）父母具有酒精依赖、吸毒或入狱史，但此点不具有普遍性。

可以断定，家庭功能失调的始作俑者基本是父母或是养育者，有时祖辈也会起反作用。遗憾的是，当事父母往往缺乏自知或无力、无意愿改变糟糕的家庭现实，或置身于其中而浑然不知。这里罗列一些可能导致家庭功能失调的不健康的育儿清单，父母可自检、自评一下：你对孩子经常有如下态度和要求吗？如是，则需要自省并改变对孩子的养育方式，你若不改变自己，专家或医生也帮不了你，即使有"上帝"也救不了你。

（1）不切实际的期望。

（2）嘲笑孩子。

（3）经常提出有条件的爱。

（4）不尊重，尤其是鄙视孩子。

（5）不宽容，不允许孩子情绪宣泄。

（6）限制或孤立孩子的社交，如不愿让孩子与其他孩子玩耍，或与"不好"的孩子交往。

（7）控制或扼杀孩子言论，不允许孩子持异议或质疑你的权威。

（8）否认孩子的"内心生活"，使孩子不能发展自己的价值观念和评价标准。

（9）对孩子关注不足或过度关注、过度保护。

（10）冷漠或不在乎孩子。

（11）经常对孩子说：你做不了什么。

（12）羞辱、诋毁孩子。

（13）经常以沮丧/失望的情绪和声调说教孩子。

（14）父母过于虚荣和虚伪，尤其当着他人面。

（15）对孩子轻微不当行为或错事揪住不放，缺乏宽恕。

（16）轻易恶语评价孩子，如"你就是个骗子"或"屡教不改"。

（17）对小过失过度批评或"上纲上线"。

（18）矛盾教养或双重标准。

（19）角色缺位，如因超负荷工作、酒精/药物滥用，赌博或其他成瘾而少接触孩子。

（20）经常不兑现承诺。

（21）经常厚此薄彼对待不同孩子。

（22）对孩子有性别偏见。

（23）父母对性话题过于随便或频繁，或过于"讳莫如深"。

（24）家庭规矩设立不当或错误，且经常违反既定规则。

（25）父母情绪/人格极不稳定，导致家庭生活事件频发。

（26）听信孩子同学或教师"投诉"一面之词，而不听孩子辩解就实施惩罚。

（27）兄弟姊妹间经常找固定"替罪羊"，而非根据事实责备惩罚孩子。

（28）轻易将孩子的行为问题归咎于某种"心理障碍"。

（29）经常拒绝孩子希望参与的适龄社团活动或游戏。

（30）凭个人思维定式直接判定和惩罚孩子，而无视事实或孩子的辩解。

（31）经常强迫孩子参与其不愿做或超负荷的活动，如照看小孩或老人。

（32）对孩子过于苛刻和"吝啬"，从不满足孩子的要求，如玩具、衣物、书籍等。

（33）父母教养态度不一致，经常当孩子面发生教养分歧或争吵。

功能失调家庭中儿童的不良结局

老话重谈

对大多数儿童来讲，家庭的意义非同一般，家庭是庇护孩子安全的港湾，是儿童能否建构健康人格与亲情的基地，是儿童走向社会化发展的发祥地。

家庭功能的好坏直接影响儿童未来，及其发展结局。大量研究证实，家庭功能失调通常危害儿童的身心健康和生长发育，其不良影响甚至可贯穿儿童的一生。

家庭功能是发展心理学、发育行为儿科学极关注的问题。因为儿童多种心理行为障碍的形成、异化，与其原生家庭功能失调有着密切而直接的关系，父母异化也可导致同样结局。

家庭功能失调是指家庭内部一些剧烈的冲突矛盾、扭曲的情感模式、成员间无效的交流方式、父母行为异常等，可导致家庭关系长期异常，濒临崩溃或解体。

造就不良的儿童行为模式

一是"超级模范"儿童。这并非褒奖，问题家庭有可能塑造一些学业方面很优秀的孩子。他们或迫于家长的压力/虐待，或为逃避家庭环境，或为讨好父母而勤勉学习，或为维护父母婚姻关系而扮演一个"优秀"角色，或希望用自己的"卓越"来避免遭虐待，或为免受父母责难/羞辱而不遗余力地投入学习，或力图扮演成功角色而避免社会的歧视。但这种状态一般不具有持续性，所谓物极必反，终会走向反面。

二是违拗/叛逆的儿童。他们在家里经常扮演"替罪羊"角色，父母关系紧张、暴力相向、生活挫败、单位受气、家庭濒临解体时，父母易拿孩子当出气筒/替罪羊，经常通过打骂、羞辱、剥夺孩子的权利来泄私愤。时间久了，孩子会"内化"父母的粗暴行为，认为所有事情均可通过暴力、攻击和愤怒得以解决。因此，他们自幼养成违拗与攻击习惯，将遭受的不幸轻易转嫁到他人和社会。

三是怯懦无助的儿童。糟糕的家庭功能会对儿童造成"习得性无助感"，他们长期处在那种"叫天天不灵、叫地地不应"的家庭氛围中，逐渐养成逆来顺受、任打任骂习性，变得内向、麻木、委曲求全、怯懦、隐忍、乖巧、安静，以求父母或别人忽略他们的存在。

四是"小丑式"的儿童。有些孩子变得"嬉皮笑脸、没有自尊"，试图扮演"小丑"角色博取父母的关注和笑颜，而对父母羞辱、打骂觉得无所谓、逆来顺受、习以为常。在学校或社会，以遭受他人歧视、欺侮和排斥为乐，只要引得大家嬉笑，他们可扮演博取别人关注的"小丑"角色。

五是"看家人"儿童。他们扮演家里唯一能引起成员欢笑和化解矛盾的角色，常显得幸福喜悦、笑逐颜开，刻意用"看家人"角色来缓解家庭危机与不幸，试图靠自己来改变糟糕的家境。但私下里，他们往往处在焦虑和担心中，害怕家庭危机再次降临。不幸的是，家庭问题总是会接踵而来。

六是"投机者"儿童。他们极早学会察言观色、见机行事，投父母或其他成员所好，见风使舵来逃避惩罚，或扮演"乖巧听话"的角色，或有意无意"挑唆、离间"家庭成员间的关系，好搬弄是非、转移目标、嫁祸他人，利用家庭成员的过失/失误获得个人满足或是利益，变成活脱脱的"机会主义者"。

对孩子深远的伤害

功能失调家庭的孩子，无论是当下还是随着年龄增长，可表现如下行为：

（1）缺乏童年期快乐，显得过早"成熟、老练"，实际能力则有限，如行为举止良好，但无法照顾好自己。

（2）中至重度情绪问题，如焦虑、抑郁及有自杀的想法。

（3）易沾染吸烟或酗酒，父母有此习惯则更容易上手。

（4）攻击、欺负或骚扰他人，或容易成为被欺侮对象。

（5）否认家庭状况的糟糕及严重性，对家庭成员爱恨交加，充满矛盾的情感。

（6）违纪、违法和过早性行为、早孕，亦可有变态性意向，易加入不良团伙。

（7）难以建立与同龄人间的友谊，回避人际交往，不信任他人，甚至有被害妄想症。

（8）沉迷于电子游戏、上网、听音乐，逃学或辍学，喜欢蜗居生活。

（9）常愤怒、自卑、焦虑、沮丧和自伤，不擅表达情感，不受同龄人欢迎。

（10）如长期遭受虐待，则语言能力受损，成绩差。

（11）既反抗父母的权威，又维护其糟糕的家庭价值观，有可能离家出走。

（12）自私或自恋，或寻找相同背景的伴侣，以弥补家庭情感的缺失。

（13）过度消费、购物狂，经常巨额透支，举债消费，借高利贷，陷入危机与贫困。

（14）有可能加入异端宗教组织，通过某种宗教信仰来"赎罪"。

（15）远离家庭，不愿与家人接触，甚至远走高飞，杳无音讯。

（16）人格障碍危及成年后的婚姻与生活，延续雷同的家庭功能失调。

胎教究竟有多靠谱

准妈妈们焦虑于孕期的各种困惑是常见的事情。譬如，单就做不做胎教、怎么做胎教足可以使一些准妈妈纠结不已，有些准备生二胎的母亲也是对此一筹莫展。胎教不是什么新概念了，打开电脑或手机，关于胎教的网站和宣传真是铺天盖地、真假难辨、莫衷一是。据说中国古代西周时期就有书籍记载胎教，《黄帝内经》里记载了一些关于孕期保健和养胎、护胎的知识。于是，当下的早教风潮催生了很多母亲的焦虑，担心孩子输在胎儿期。

胎教有广义和狭义之分，广义上大概指孕妇为了促进胎儿健康发育成长，在孕期对个人的精神、饮食、环境、劳逸等各方面采取的保健措施，就此概念而言，围绕上述关键点做好孕期保健是科学的、值得宣传推广的措施。

狭义的胎教则是颇有争议的话题，主要指孕妇通过听音乐、抚触、对话、拍打、光照、贴腹视听刺激、将耳机放在孕妇腹部播放乐曲、腹部运动、情绪刺激等与胎儿互动的一系列做法，所以也叫直接胎教法。据说其依据是，胎儿从第 5 周开始即有较复杂的生理反射反应，10 周时已形成感觉、触觉功能，17 周左右开始对声音有反应，30 周时有听觉、味觉、嗅觉功能，能听到妈妈的心跳和外界的声音等（杨晓欣，2014）。于是有观点提出，对这个阶段的胎儿进行教育，是非常重要的，并称这种胎教"可使胎儿大脑神经细胞不断增殖，神经系统和各个器官的功能得到合理的开发和训练，以最大限度地发掘胎儿的智力潜能，可以生出天才宝宝，达到提高人类素质的目的，错过胎教的时机将成为毕生的遗憾"（国华，2008）等等。

我觉得，上述狭义的胎教说法缺乏科学依据，并不靠谱，至少不符合胎儿在宫内的自然发育规律。胎儿生长发育的好坏，是由诸多复杂因素协同作用而决定的，并非这类狭义的刺激所能左右，不当的物理刺激或许会起反作用。

从生态规律来说，孕后三个月起胎儿的器官和体重快速发育，更重要的是通过母亲的营养使得胎儿细胞与器官迅速增量，尤其是脑和神经系统的发育最为迅速，为出生后继续存活和发展奠定生物学基础。孕后三个月是胎儿的关键期，此前的不良刺激特别容易导致流产，或是胎儿畸形发育。早产大多发生在胎儿五个月以后，早产必然是低体重，所以称早产儿是高危儿，需要依靠复杂的医学监护方能存活下来，但其生命质量会打折扣，早产儿出生后的发展总会遇到许多麻烦，如有些多动症、学习障碍、自闭症、肥胖症、过敏症、智力落后、发育迟缓等儿童就是早产儿。

须知，宫内环境是供胎儿迅速发育的场所，胎儿的使命就是安睡于宫内，静候出生后接受生存和发展的挑战。宫内的环境是相对封闭的，超声扫描发现，胎儿在宫内几乎是在睡眠状态中度过的，压根没有自主的认知能力，因此也无法接受什么胎儿教育的，一些刺激引发的胎儿反应，实际上是一种条件反射，而不能说明其他任何意义，更不是促使胎儿"早慧"的反映。

我们知道，大脑的发育需要消耗大量的营养和能量，所以胎儿宫内安睡的目的在于，使大脑这个重要器官快速增量发展，只有在安宁状态下，脑和神经系统才会得到快速发展。这种现象我们也可从新生儿和婴儿身上观察到，他们除了吃喝拉撒，大部分时间都是在呼呼大睡，就是通过睡眠来促进生理的发育。科学证明，睡眠对儿童早期大脑发育尤为重要，它是一种"能量转换形式"，即足够的睡眠与安宁所储备的能量，最后转化为认知和学习的能量；从生命周期不难看出，儿童青少年的睡眠时间就是长于成年人和老年人的，这是生态的自然规律。

因此，母孕期的各类物理刺激恐怕会干扰胎儿正常脑发育和感知觉的功能，可以说，狭义的胎教是在人为地干扰着胎儿在母体内正常的生活与发育，过度物理刺激有可能导致胎儿脑神经回路的异常发育。

静老师说

我相信很多著名的学者、科学家、企业家、成功人士等并不是"胎教"的产物。说起来，我门下很多优秀的研究生、博士生并没有接受过什么胎教和早教，有的恰恰是"野蛮自由放养"成长的孩子；我自己也是"野蛮生长"的人，依稀记得幼时母亲让我们自由阅读很多儿童读物和小说，还有就是无可替代的母爱，这些后天的供养恰恰成就了我现在的人生。尊重生命的自然规律，按照孩子的自然生长发育规律去养育，维护好原生家庭的生态环境，孩子的未来就会给你带来惊喜和好的回报。

正确的胎教应该是母孕期保持良好的心态、避免养育焦虑、起居生活规律、充足的睡眠、恰当的劳作与运动、适当的营养，远离烟酒和有毒有害物质，这些已足矣。勿过分解读网上的各种胎教信息，使自己陷于纠结和焦虑之中。

母子依恋——母爱及其神奇的作用

母子依恋（attachment）是指新生儿、婴儿或儿童与母亲之间存在的一种特殊的感情连接关系或纽带。依恋是儿童适应生存的一个重要需求，它不仅提高婴幼儿的生存概率，还能建构和促进贯穿儿童一生的适应力，促进儿童终生向更好适应生存的方向发展。

早在 1951 年，英国精神病学家兼世界卫生组织（WHO）心理健康专家 Bowlby 就提出一个假设："婴幼儿与生俱来就与母亲形成并维持一种温暖、亲密和持续性的依恋关系，通过这种关系，儿童都能获得情感满足和享受，它是儿童建立安全感并走向下一步发展的基础；一旦缺乏可能会产生重大且不可逆转的心理创伤后果，甚至死亡。"他根据自己开展的"依恋剥夺"研究后指出：在儿童出生的最初几年里，延长在公共机构内照料的时间或经常变换主要养育者，对儿童人格发展有着不良影响，并且提出母子依恋或婴儿对养护者的情感依恋是人类进化压力催生的生存本能（Rutter M.，1995）。

他早年观察到，在医院产下的婴儿与母亲分开养育时出现明显的焦躁不安的情绪。翌年他通过拍摄手法，观察记录到 2 岁儿童因住院而与母亲分开时产生的恐惧与无助感表现令人震惊，他认为这是母子依恋剥夺和不当的早期护理导致的结果。他的报道逐渐改变了医院对父母探访住院儿童的传统限制性规定，并促进了儿童病房的童话式改建，也推动了发达国家将孤儿院儿童寄养于普通家庭的运动。

Bowlby 强调，婴儿与养育者之间的依恋关系不仅仅是来自母亲的喂食行为及人性善良的内驱力，而是儿童生命过程中不可或缺的组成部分，并且贯穿于人的整个生命过程，童年期尤为关键，即儿童只有把父母作为安全基地才能有效地探索其周围环境。

尽管 Bowlby 的观点曾遭到部分人的质疑，认为他的提法缺乏实质性实验依据，亦无相应的理论支持。但是他的发现还是引起学术界的强烈兴趣与关注，人们开始认真观察和研究起母子依恋的性质及其作用。其后，最著名的实验是来自美国的 Harry Harlow 对恒河猴进行的抚触实验，说明动物幼崽对肌肤接触的需求大于对食物的需求，剥夺这种需求会使得猴仔心智发展异常，长大后不仅无社交的欲望，甚至连繁殖及养育后代的技能都会丧失。再后来，研究者通过一种"陌生情境实验"将婴儿的依恋关系分为安全型依恋、不安全型依恋及回避型依恋三类，有人对遭受过虐待和忽视的婴幼儿行为进行观察后，增加了一个破裂型依恋类型。上述理论一直沿用到现在，且亦延伸到成人依恋中应用。有关依恋的生理心理机制目前由很多实验得到证实，其中起着神奇化学作用的物质就是人体内释放的催产素，它是一种神经肽类激素，主要由大脑的下丘脑室旁核分泌，哺乳类动物及人类养育子代时均有这种化学物质的分泌和释放。大人看到小孩可爱的面容和萌态，不由得产生爱怜和逗弄行为，都是催产素起的作用。

我们可在产房观察到，分娩后的母亲一旦听到婴儿啼哭就会"疯狂"分泌乳汁，这恰恰是母体内的催产素所发挥的作用。它还促使母亲分娩时子宫收缩，分娩后促发泌乳及催生母爱行为，继而与孩子形成较强的母子依恋关系。最近，科学家实验发现，产下幼崽的雌鼠会积极将幼崽从窝外衔回窝里，而未怀过孕的雌鼠几乎没有这种衔仔行为；实验人员继而给未怀过孕的小鼠鼻喷催产素后惊奇地发现，它们也有了衔仔行为，说明催产素分泌会诱导母子依恋和增加母爱行为。有人对自闭症儿童进行鼻腔喷雾治疗后改善了患儿的亲社会行为。

前罗马尼亚政权垮台时，媒体发现有数千名不同年龄儿童被收养在孤儿院，令人心碎的是他们只能依赖孤儿院破旧的设施、有限的食物和水活着，得病、哭泣和恐惧时从未得到成人的拥抱和安抚，普遍存在严重而持续的依恋剥夺，因而他们大都营养严重不良、疾病缠身、有着各种精神和心理问题。后来，西方学者对他们进行了一项颇有争议的"布加勒斯特早期疗育计划"试验，如从这些孤儿中随机挑选 68 名孩子送到西方温馨的家庭收养，而另有随机选出的 68 名孩子则被留在孤儿院里进行观察比较。结果发现，两岁及以前被领养的孩子的结局比较理想，他们后来的社会适应性基本接近正常儿童。但两岁以后离开孤儿院的孩子们的结局则十分糟糕，他们不但智力水平偏低（智商大部分停留在 70 左右），体格发育也极为落后；而且神经影像扫描发现，其大脑活跃程度远远落后于正常儿童，大脑灰质及白质体积小得多，部分脑组织已萎缩。后来发现，他们的染色体 DNA 的端粒也比正常儿童的短，待在孤儿院时间越长的孤儿，其端粒就越短。端粒的作用是保持染色体的完整性，DNA 每复制一次，端粒就会变短一点。

催产素水平与成人个体的亲社会行为及助人行为有很高的关联性，如女性的共情水平或同情他人的能力就普遍高于男性，是因为其体内催产素水平高于男性。成年期的依恋水平也与免疫生物标记物有关，如具有回避型依恋的成人通常体内催产素水平也偏低，当他们面对社交压力或应激时，其体内会产生更高水平的一种叫作促炎性细胞因子——白介素 6，它会破坏人体细胞网络和损害心脏功能。

我认为，虽然每个儿童的遗传特质和发展差异很大，而且每个家庭的母子依恋方式都不同，但是婴儿期和童年期体验到温暖而良好的母子依恋，就会使儿童产生较强的安全感，从而提升和优化儿童免疫系统的功能，同样也能够提升他们的抗压能力和适应环境的能力。从此意义上来讲，向众多的父母呼吁，在养育子女的过程中，再怎么强调要提高母子依恋水平及其质量都不过分。

"同胞竞争"是怎么回事

随着我国二孩政策放开，很多家庭第二孩的到来，容易引起第一个孩子的各种心理情绪问题，于是"同胞竞争障碍"成了当下媒体网络报道的高频词。所谓"同胞竞争障碍"并不是一个新概念，很早就被精神医学界列为一种儿童情绪障碍，它通常指随着弟妹出生，儿童出现某种程度的情绪紊乱，表现为嫉妒弟妹、出现模仿婴儿的举动等倒退行为，增加与父母的对立冲突、产生焦虑、痛苦的情绪等（苏林雁，2017）。

自古以来，现实生活或是文学作品中，无论有无血缘关系，家庭中兄弟姐妹之间总是存在一种竞争或是敌意现象。如莎士比亚作品中同胞相残的内容很多。人类历史上同胞竞争、相互残杀的现象屡见不鲜，尤其是争夺权位或家产时，同胞间会产生仇恨与相残的现象。

生物界的同胞竞争

不可否认，生物界与生俱来就存在同胞间的竞争与排斥关系，甚至有弑杀兄弟姐妹的状况，其目的是争夺食物或更多引起父母的关注，以保障自己的存活概率。我平时很喜欢看电视节目《动物世界》，记得有一期节目令我震撼，一只黑鹰母亲产下两颗蛋孵化，但第一只孵出的幼鸟最初几天内就啄死了晚孵出的幼鸟，而母亲却对此熟视无睹。一种叫蓝鲣鸟的海鸟中，始终存在着育雏等级，在食物短缺时，占主导地位的幼鸟会经常攻击弟妹，甚至将其逐出巢穴。非洲斑点鬣狗中，同胞竞争从二胎出生时就开始，大约1/4的幼崽是被兄姐杀死的。不过，动物界并不总是同胞竞争与排斥，如狼群中年长的狼崽会照顾、喂养弟妹和保护幼狼。

心理学研究发现，现代社会家庭中兄弟姐妹间的关系往往复杂而敏感，且受出生顺序、性别、父母养育对待、个人性格以及接触外人和经历等因素影响。据观察，生后1岁起，幼儿就已对父母的养育态度及其差异很敏感，1岁半时，兄弟姐妹就开始理解家庭规则，并知道如何相互安慰和善待彼此；3岁儿童就对社会规则有了理解和把握，可根据自己和兄弟姐妹关系来评估自己，并知道如何适应家庭环境，同时会形成同胞相怜的意识。

细说"同胞竞争"

"同胞竞争"一词最初出现于 1941 年的学术文献，提示父母对新生儿的态度会明显影响长子对弟妹的态度，积极乐观迎接新生命的态度同样会影响兄姐对弟妹的态度。这在后来的研究中得到了进一步证实，并指出父母可通过避免偏袒孩子和采取适当的预防措施来改善同胞间的关系。研究证明，在母亲生弟妹前的几个月里，为兄姐提供积极乐观的指导，则会为良性同胞关系奠定一生的支持性基础。

人的同胞竞争似乎贯穿更久远的生长发育过程，兄弟姐妹之间争宠打斗有时会令父母感到愤怒、沮丧和无奈，甚至会破坏家庭关系。有报道，同胞竞争导致的兄姐欺侮和排斥弟妹，会对弟妹的认知和情感造成久远的负面影响，也会造成家庭应激事件频发。同胞竞争的显性或隐性目的仍是为了获得父母更多关注与投资，有些可持续到青春期，且会变本加厉，甚至持续到成年期，通常 10 ~ 15 岁年龄段的同胞竞争会达到高峰。研究发现，父母有病、有难或遭遇不测时，同胞间的关系会保持相对密切、缓和，而父母婚姻质量不佳或破裂时，会加重同胞间的竞争与敌意，贫困和父母养育方式失当也可激化同胞竞争，寄养的孩子回到本家时会遭到兄弟姐妹的排斥，有时也会受到亲生父母的虐待与排斥，同父异母孩子间的竞争与排斥一般都很明显。约 1/3 的成年人回忆与同胞间的关系持续紧张和疏远，这也可能与后来的继承权纷争或利益冲突等事件有关。然而，同胞竞争往往会随时间推移而减少，约 80% 的 60 岁以上的同胞兄弟姐妹间的关系会变得缓和而密切。

总之，人类同胞竞争的原因和表现形式是极为复杂的，父母完全可以通过营造和谐的家庭氛围和亲子关系来预防和改善同胞竞争。

其一，父母应避免比较或评价孩子间的优劣好坏，哪怕是不经意的，这是起码的原则。可经常举办有趣的家庭活动或游戏来保障每个孩子的权利与责任；避免偏袒或贬低兄弟姐妹中的某一方，动辄说"弟妹年龄还小，要兄妹让着他/她"是不可取的做法，要尽可能做到"一碗水端平"。

其二，父母应给与每个孩子特别而公平的关注，鼓励兄弟姐妹间的合作游戏或活动，亦可创建依赖团队合作才能够完成的竞争性游戏活动内容，使得每个孩子都有机会参与到活动共享中，记住，经常创造孩子们及家长间的活动分享是重要的预防不良同胞竞争的方法之一。

其三，对每个孩子的需求予以正当而积极的关注与回应，避免厚此薄彼，也可预防同胞间的竞争与吃醋。

其四，通过积极主动态度来培养孩子的情商、解决问题的能力以及谈判技巧，鼓励孩子们之间寻求双赢的解决方案；当有同胞纠纷时，父母可以帮助探寻解决问题的方法，并参与到共同成长的体验中，这样做则较容易解决同胞间的冲突。在整个家庭中，父母要共同努力，每时每刻都要降低成员间的不当竞争，勿轻易当着孩子彼此面去批评或惩罚做错的一方，要惩罚也应考虑受罚孩子的自尊与羞愧感，如换个时间或空间试试。

静老师说

我觉得，同胞竞争并不是没有任何好处的，它毕竟是人类进化的产物。中等程度的竞争或摩擦是儿童健康而正常的反映，具有一定积极的生物学意义，表明每个孩子都有足够的自信来表达他或她与其他兄弟姐妹之间的差异，也是通过竞争和摩擦来锻炼人际交往能力、察言观色的能力。具有同胞和积极竞争经历的儿童，其后来的情商也比较高，也积极向上、乐于助人，成年后更有可能取得高的社会地位。

孩子为何排斥和疏远父母

什么叫父母异化

1985 年，儿童精神病学家理查德（Richard Gardner）曾提出过"父母异化"（Parental alienation）一词，指孩子在日常生活中排斥或疏远父母，或不愿接近父母，对父母表现冷漠仇视的行为。据调查，14% 的儿童会因父母一方或双方疏远/离异而导致疏远父母，其背后不排除父母对孩子的情感、心理甚至是性与身体的虐待。

究其原因，孩子这种行为的始作俑者是父母自身。回顾性调查研究发现，这样的父母倾向来自同样养育经历的家庭。

起初，理查德观察这样疏远父母的孩子，通常来自有婚姻危机或是离异的家庭。继而发现，由于夫妻关系的矛盾中夹杂了父母（一般母亲偏多）极力在孩子面前诋毁另外一方，如不断给孩子"洗脑"，说爸爸/妈妈如何伤害到家庭和自己，如何不顾及孩子的感受，曾经如何虐待排斥过孩子，一直想彻底摆脱这个家庭，缺乏道德而另有所爱云云，并试图拿出各种证据示以孩子……

有些离异的父母可能会因害怕伤及孩子心理而"离而不分"，在同一屋檐下过着"假夫妻"生活，但这种貌合心不合的演戏生活，恰恰会潜移默化影响到孩子的心理，构成慢性创伤，结局不容乐观。

这些孩子可能体验了父母离异时的对簿公堂，或是父母争夺孩子抚养权、财产分割上发生各种争执，因而心灵会受到深深伤害。

不难推测，这样的孩子自幼就可能没有真正体验过亲子依恋或是家庭温暖，自幼心灵上就出现了"渐冻症"。

Becker 的"父母控制理论"认为，在养育过程中由于父母的关怀异化，使得父母控制作用减弱，摧毁了儿童自我控制能力的发展，从而影响到孩子的社会化。

孩子会变得冷酷无情吗

这样的孩子会显示情感冷漠、抵触父母，缺乏与父母的情感依恋，下意识仇视父母或自己的家庭，觉得自己是导致家庭"毁灭"的罪魁祸首，因而在矛盾纠结心理中会极力疏远父母。

他们在学校或朋友间，压根不愿谈及家人或父母，也可能当着他人面诋毁和侮辱自己的父母。

理查德描述道：疏远父母的孩子甚至针对性地实施诋毁和仇恨父母，以至于使其排斥或仇恨达到荒谬和缺乏理性状态，如对父母之间的冲突或暴力相向熟视无睹，到处讲父母的坏话，杜撰父母如何虐待和排斥自己，这样对父母是因为他们压根不愿接受自己。

囿于监护权要求，孩子被迫定期探访离异一方的父母时，会表现抵触、抵抗、愤怒、自残或是逃跑。长大后，他们也不大愿意修复或恢复家庭成员间的亲密关系。

遭孩子拒绝和疏远的父母可能会变得被动、沮丧、焦虑和退缩，这些特征恰恰会加深孩子的拒绝与仇视行为。

静老师说

父母异化的定义尚未被心理学、法学界所接受，一度还受到法律和精神卫生学界批评。

法学界声称，在基于科学和法律界定的儿童监护听证会上，父母异化的判定不应被接纳。当然，这个定义迄今也没被美国精神病学会所接受。关键原因在于，它主要来自接触这些孩子的医生的临床描述，很难界定，且涉及伦理、家庭功能、道德和法律等众名范畴。

但无论如何，这种现象特别值得为人父母者的关注与警示，可根据上述的原因或是孩子问题的来龙去脉，把控好家庭关系以及父母自身的养育态度，尽量做到"防病于未然"。

母亲的养育焦虑对孩子的不良影响

由一位焦虑的母亲说起

不到两个月时间，2 岁男孩琦琦被母亲带来看诊三次，揪心于她的孩子是否患有孤独症（自闭症）。

每次到访，妈妈先拿出电脑，打开琦琦在家的活动视频给我看，并绘声绘色描述令其担忧的孩子表现及可疑行为，再拿出孩子行为观察记录滔滔不绝絮叨开来，语词中不时夹杂着极"专业"名词，如"我的孩子迄今对视回避、平行游戏、缺乏主动语言、镜像言语、刻板动作、共情缺失、感统失衡、感官刺激……"，说着说着泪崩不止，真让我不知所措。

更甚，此前，她还带着琦琦看过好几家医院的名医，做过各种医学检测，包括遗传、影像学、脑电图、血液生化以及各类行为评定量表等，花费之多自不在话下，光是给我出示的诊断结果就有：①发育迟缓；②疑似孤独症；③非典型孤独症；④正常；⑤孤独症待排除等不一而足，资料之丰富，令人眼花缭乱。

这些结果加深了这位母亲的恐惧，她焦虑不堪、不断对号入座，于是踏上了不停寻医求诊之路。

记得母子俩初次来访，我看着琦琦的行为，凭职业敏感，压根没觉得有什么问题，孩子径直走到游戏区与研究生们玩耍起来，且互动不错，有来有往。出于慎重，我走到琦琦身边仔细观察，并参与到游戏中一起玩耍，最后根据孩子的表现，排除了孤独症。

不料，孩子母亲用惊异眼光盯着我，不相信琦琦被诊断"不是孤独症"！为此又花费一个多小时咨询指导，母亲才满腹狐疑地带孩子离去。

接着有了接二连三的来访，每次免不了绘声绘色重复前述情况，说出更多可疑症状依据，以至我无奈地问她："是不是我给出孩子孤独症的诊断，您才放心？"母亲急忙道："不是不是，我是怕孩子被误诊，耽误了康复治疗……我真的很害怕，拿网络和微信群里的描述对着看，越看越像，加上有其他医院的判断，我觉得孩子就是孤独症，现在不知怎么办是好，我好绝望……"又是泪水涟涟……由此，我联想到孟乔森综合征（Munchausen syndrome），或叫"代理性佯病症"。

令人欣慰的是，半年后，琦琦母亲高兴不已地打电话来说孩子完全正常，已准备入幼儿园了。

代理性佯病症

其实，琦琦母亲的这种情况并不少见，以至于出现所谓的代理性佯病症，坚信自己或是孩子有病，而且言之凿凿，常年不停奔波于求医诊疗过程中。

代理性佯病症又叫"孟乔森综合征"，指父母捏造或夸大儿童疾病到医院或相关健康保健机构寻求诊断和支持，有时夸大孩子的症状和实验室检验结果。

这种父母会在孩子身上有意无意地制造出某种伤病来，再尽力去照顾、治疗孩子，以此来满足自己"关爱"孩子的愿望，获得一种扭曲的成就感。

美国临床儿科学会报道，父母所致的孟乔森综合征包括：给孩子注射胰岛素、假血尿、假发热、假窒息、各种输液、静脉注射引发多重感染等。严重时，父母的过度求助医疗行为会导致儿童明显病态、死亡及其他严重障碍。而较轻案例中，病态认知使儿童逐渐相信自己的"病态角色"，进而导致其成年后的疑病症、孟乔森综合征、过度住院等行为。这容易使孩子产生过度依赖、易感、疑病、寻求关注、动辄病倒请假、不停服用各种药物等，成年后竟然也具有同样病症倾向。

孟乔森综合征是早先描述于成人的一种人格/行为障碍，指当事者通过描述、幻想疾病症状，假装有病乃至主动伤残自己或他人，以取得同情的心理疾病。因此它还有求医癖、住院癖、佯病症等俗称。此病得名于一位叫 Freiherr von Münchhausen 的德国男爵，他虚构了许多自己的冒险故事，如在月球上漫步，拽着自己头发使自己升空等。1951 年，一篇发表在著名医学杂志《柳叶刀》上的文章，第一次用孟乔森综合征命名了这种病症（周宝桐，2012）。

临床发现，由于母亲的怀疑过度，导致孩子可能接受不必要的治疗过程、实验室检查甚至手术，孩子也可能会出现假象体征、症状和实验室数据，从而导致误诊和过度医疗介入。

匪夷所思的是，在诊断和治疗过程中，通常父母十分配合和积极接受治疗；极端情况下，父母可能通过各种途径学习掌握大量有关的医学知识与实践，因此向医生描述起孩子的症状来，几乎天衣无缝、无懈可击，或使用大量的专业名词术语，轻易获得医生的信任而为其下诊断。

成人患者的表现

孟乔森综合征成人会表现人为制造个人疾病，了解疾病相关知识，经常住院，经常要求药物治疗，故意弄伤自己，不断使伤口感染，不让手术伤口愈合，服用泻药，呕吐等。为了改变实验室检测数据，他们可能提前服用类固醇、打胰岛素、服甲状腺素、尿液里加肾上腺素或血液、服用利尿剂、摄入大量盐、吃大量蛋白粉等。

他们住院期间很少或没有探访者，但其情况与"疑病症"有所区别，后者是虚妄怀疑自己得了病，而前者是希望自己得病，并且"制造"病症。

静老师说 ♥

目前互联网的发达，使得各种专业相关信息泛滥，因此当事人有意无意获取、研读、分析相关信息，再制造病症相关信息来求医，或是通过互联网建立同病患者微信群/家长群，博取他人的关心、关注、同情、病情交流、加深对自己的疾病信念，而且圈粉越多，越有成就感，甚至引发群内对医疗体制、医院或是某些政策的讨论、敌视、诋毁与谩骂等。

父母若有养育焦虑时，勿过分探寻网络信息来影响自己的就医信念，或是就医行为，勿依据网络信息给孩子"扣帽子""贴标签"，更需寻找专业医师进行观察、诊断与治疗。

儿科医生如果遇到其他专家都束手无策的情况，但家长又特别配合，并且总是家长中的一个带孩子来就诊，而另一方长期缺席，则可能该家长有复杂的疾病史，或有护理或医疗专业方面的背景，或是其他心理或生理方面的疾病，应怀疑有过度医疗问题。医生应关注儿童家长的早年经历，需了解其父母有无类似情况，个人有无童年期遭受虐待史或其他类情绪障碍等问题。因此必要时，建议有过度医疗行为者接受专业精神科医生的咨询与指导。

典型孟乔森综合征的家长，通常都有很强的控制欲，他们一般较难控制个人的情绪，并经常伴有焦虑、抑郁等症状。

再则，孤独症的早期辨别诊断较为困难，主要依据其行为表现进行判断，因此误诊漏诊率很高。儿科医生不要轻易凭几个症状评定量表分数就给孩子下诊断；接诊时，需拿出足够时间与孩子互动、玩耍和观察，甚至是复诊几次，才能够做出准确的诊断。

哪些行为算是家庭暴力

形式各异的家暴

家暴是指发生在家庭成员之间的，以殴打、捆绑、禁闭、残害或者其他手段对家庭成员从身体、精神、性等方面进行伤害和摧残的行为（马小洁，2014）。家暴直接伤害被害者躯体、精神心理、身体健康以及人格尊严。家暴也会造成被害者身体疼痛、轻伤、重伤、死亡或精神障碍。

家暴通常发生于有血缘、婚姻、收养关系生活在一起的家庭成员间，如丈夫对妻子、父母对子女、成年子女对父母等，妇女和儿童是家暴的主要受害者，心理行为障碍儿童也容易成为家暴对象，有些中老年人、男性和残疾人也会成为家庭暴力的受害者（马小洁，2014）。

我国传统家庭教育理念中贯穿着"棒打出孝子、不打不成器"的想当然做法，因此许多家长将孩子视为"私有财产"恣意按自己的要求"塑造"孩子，其中简单粗暴处置、随意打骂孩子成了一些具有家暴倾向家庭的家常便饭。

在我国家庭，施暴/虐者多为家庭男性，如父亲或是继父，其次是亲戚中的成人男性。

以性侵为例，家庭成员施虐者可能是父亲、继父、叔伯、祖父、兄弟、堂兄弟等；非家庭成员多为邻里、教师、同伴或家庭成员的朋友等。

家暴的主要表现形式

（1）肉体伤害：如殴打、体罚、捆绑、行凶、残害、不给吃喝、限制睡觉、有病时限制就医等。

据报道，在我国留守儿童或是流动儿童寄养于他人家时易受寄养家庭成员施暴。

（2）精神折磨：也可称情感虐待，通常指用威胁、恐吓、咒骂、侮辱、讥讽、限制人身自由、肆意凌辱人格等方法，造成对方长期紧张、精神痛苦和心理压抑。强制送孩子到某些"训练营"接受教育，也可导致其躯体和精神伤害。

对孩子的高压教育、超负荷训练、过高期望要求、强迫训练遵循某种生活方式等也可造成儿童的精神心理伤害。

（3）忽视与排斥：父母对孩子情感上的养育排斥、忽视儿童情感需求、无视儿童遭受的痛苦、限制上学、限制交友、限制母子依恋、强制劳动等也属其例。

（4）性虐待：多属于性变态中的虐待行为，是一种施虐型的暴力。夫妻婚内强奸也属于暴力，指违背女方的意愿而施加暴力的性行为。家庭乱伦时，女童容易成为受害者，有时男童也易成为性侵对象。

（5）按目前法律解读，经济上进行控制也属于家暴，如通过对家庭资源（时间、住房、金钱、食物、日常用品等）的极度限制而控制对方，使对方丧失应有的基本权利。

联合国儿童基金会联合北大儿童青少年卫生研究所做的一项调查发现，74.8%的中国儿童在16岁前遭受过不同形式的暴力与虐待，同学是除家庭成员和教师外不可忽视的施虐者。

我国家暴的一些特点

一是具有隐匿性，囿于"家丑不外扬"之虞，受家暴者大都忍气吞声、逆来顺受，成为习惯性受虐者。

二是受虐对象相对集中，多为母亲或是孩子，再婚家庭中继子容易遭受虐待。

三是家暴形式多样，如上述各种形式可在一个家庭中并存。

四是家暴过程具有循环性，家暴一般都具有长期性，但中间也有缓和与亲密阶段，施暴者阶段性出现愧疚、悔恨，下决心痛改前非，但大都会再次重复家暴与施虐。

在此强调，家暴不只是肢体行为暴力，还有精神、心理等诸多方面。希望以上内容可以让家长更深刻地了解家暴行为。

经历家暴的孩子也有家暴倾向吗

家暴对儿童的影响

（1）躯体伤害可造成儿童营养不良、骨折、软组织损伤、皮肤烧伤、器官功能性的伤害、感知觉障碍等伤害，甚至导致残疾或死亡。

婴幼儿脑部损伤是一种常见的虐待损伤，多因养育者不堪忍受其哭闹而强烈摇晃所致（谢玲，2018）。

遭受性侵的儿童可能会出现遗尿、大便失禁、回避他人接触等非特异性症状。

忽视往往导致儿童意外伤害的发生，如烫伤、跌落伤、触电、呼吸道异物窒息、淹溺、误服药物、车祸、遭歹徒攻击等。

（2）心理伤害可构成童年期创伤性体验，有些受虐或目睹家暴儿童可出现创伤后应激障碍。

近期表现主要是自卑、焦虑、抑郁，伴有不断噩梦和睡惊、惊恐发作、惊跳反应、警觉性增高；一些儿童变得长时间苦恼和悲伤，缺乏快乐感，自尊心降低，甚至有自杀企图和自杀行为。

也可表现对他人攻击行为、对动物残忍和虐待、自虐自残等。事过之后，对痛苦的感觉迟钝、缺少同情感、情感体验缺乏、回避心理上的亲近、行为上表现淡漠和残忍。

依恋剥夺（父母养育排斥）导致的痛苦经验可印刻于婴幼儿期潜意识里，成为儿童日后暴怒、激越、暴躁性格的生理基础。父母养育排斥会使幼儿不再积极寻求安抚，进而变得麻木、冷漠，缺乏与他人互动的动机。这又使儿童语言发展受阻，智力发展也会受到负面影响。

静老师说

长期经历家暴的儿童，长大后也容易养成暴怒性格，因而也会影响到成年后的恋爱、婚姻以及职场生活质量，容易出现暴力攻击行为，因此家暴通常具有家族聚集倾向，即家暴具有一代一代传递特征。

遭受家暴虐待儿童成年后的结局往往十分相似，且同病相怜者容易走到一起相互依偎、相互安抚，但如果双方结为家庭则有可能会重演不堪其苦的家暴生活。

来自这种"双重打击"家庭的孩子预后可能更差，他们更容易辍学、暴力攻击、青少年怀孕、药物滥用、反社会行为、饮食失调、抑郁甚至企图自杀。而且他们日后出现意外伤害、残疾、社会适应困难、健康受损、折寿的风险就越大。

第五章　教授与你面对面

——杂谈与思考

脑袋越大就越聪明吗

脑袋越大就越聪明吗？那可不一定。"脑袋越大越聪明"是老百姓口头常说的一句话，尤其是妈妈生出的宝宝大头大脑似乎更招人喜欢。的确，就人类而言，没有哪种灵长类的大脑能与我们媲美，我们之所以拥有如此大的脑袋，是我们在波澜壮阔的进化过程中为了种系繁衍、适应和生存而获得的。"脑袋越大越聪明"这句话不一定绝对正确，但基本还是符合哺乳类动物存在的普遍规律，尤其是在灵长类中人类的脑容量显然是最大的。反观人类进化史，我们的大脑容量近 200 万年以来一直呈递增趋势，至少比初期增加了 3 倍之多，目前容量大约为 1 400 毫升，大约有 250 万GB 的记忆存储空间；而我们与黑猩猩的基因相似度虽高达 98.5%，但它们的脑容量却只有我们的 1/3。与我们相比，猩猩等灵长类用脑子的广度和强度确实都要差得多，毕竟，他们日常生活中的主要任务就是吃、睡、保护领地和抚育后代，而我们承载的生活内容就要更加复杂多样了。

一直以来，我们自视为万物主宰，以为人类就是依靠超大的脑袋和超高的智力得以生存和发展，最后统治了整个地球，还洋洋得意。让人费解的是，黑猩猩的基因虽然与我们仅仅相差 1.5%，却决定了一个在笼子外面，一个在笼子里面；一个举办奥运会，一个在树上跳来跳去；一个研究哥德巴赫猜想，一个能数到 9 就很了不起；一个可以长成汤姆·克鲁斯那样，一个却全身披满黑毛，过着食不果腹的日子；一个大讲"人生而平等"，一个却在生物实验室里受折磨。直立行走、复杂语言、科学和艺术、哲学和宗教……这些人特有的东西，其根源都可追究到这 1.5% 的差异（奇云，2012）。难道这点差异就是导致两者大脑和智力分化的根本原因吗？德国马普学会的科学家发现，在人类进化过程中我们的祖先发生了基因组变异，使得大脑"疯长"；他们探查到一种只有我们人类和尼安德特人才有的"ARHGAP11B"基因，它能够帮助基底脑干细胞繁殖，从而使人脑发育过程中产生更多的神经细胞，使语言和思维相关的大脑区域快速扩增，这项成果发表在著名的学术刊物《科学》上。

然而脑袋大，智商就一定高吗？不一定。过去 2 万年间，人类平均脑容量从 1 500 毫升下降至今天的 1 350 毫升左右，大约足足减少了一个网球那么大的体积。曾经统治欧洲大陆几十万年的尼安德特人的脑容量就比我们的大许多，约为 1 750 毫升，但他们 3 万年前就从地球上彻底消失了。我认为，我们祖先的脑壳虽然不如他们大，却用计谋和智力在竞争中彻底"消灭"了他们，因为，我们的大脑中一个叫额叶的区域要比他们的大许多，额叶的重要功效在于制订计划、运用计谋、整合记忆、执行计划、逻辑推理、抽象思维等。这点，我们可从刚出生的新生儿脑袋的滑稽变形的模样看出，胎儿在母体内颅腔不能完全发育，孩子生下来时颅骨卡在后脑勺部位，而额头那里是空而扁小的，所以前囟和颅骨缝愈合得越早，脑容量也就越小，自然智力也会低下，如小头畸形。人类的脑颅，因脑的高度发育，容积比面颅大，而其他哺乳类动物，生下来却是面颅都比脑颅大。儿童生长过程中因为额叶不断扩增，所以它的髓鞘化也是完成得最晚的。

再比如，体重为成人体重 50 倍的非洲象的大脑体积大约是人脑的 3 倍，但它大脑中相当多的神经元位于小脑，主要用来管理它的大鼻子，而其大脑皮层中的神经元数量却只有人脑皮层的 1/3，所以大象是没有人类那么聪明的。抹香鲸的大脑约为 9 公斤，然而其自身重达 100 多吨，即它的脑体比重远远低于人类，所以仅靠着硕大的脑子，鲸鱼智能大概也不会超过人类。

但是，我们的大脑为何又趋于变小，而智力却一直在发展呢？的确，今天的人类并没有变笨，大脑正向着"更小的空间，更高效的工作"进化，因为直立行走以来，我们的颈椎和脊椎已不堪重负，硬是生出了很多相关的现代疾病。从脑解剖来看，大脑很大一部分都是用来控制身体行动的，身体越大，骨骼上附着的肌肉越多，就需要大脑跟着变大、变重来控制身体和肌肉群。剑桥大学的专家提出，现代人类的体型和身高要比 1 万年前依靠采集狩猎为生的祖先缩小了将近 10%，后续的研究也进一步证实了这种现象。这说明，无论是大脑还是体格都不是越大越好，人类的进化方向明显不是往庞然大物演变，就如同电脑、手机一样，发明初期只要能成功应用就行，后期发展则会开始想着不断改良、精细化、小巧化。这么说来，脑容量与智商是有一点联系，但不一定完全呈正相关，那就是说，当脑容量变得极端过小、过大，都有可能影响智商，使人变得愚笨。

无论如何，我们的大脑进化变大，除了基因变异所致，还与蛋白质的高效摄入、语言的形成与发展，以及社会人际交流的扩大等重大事件有着密切的联系。火的使用，使得我们通过熟食获得更多的蛋白质，集约式生活方式促进了语言的诞生与发展，群居使得种系繁衍得到保障，于是人类的"社会脑"得到空前发展，促进了个体与族群内的其他个体建立长期的社交关系。我们人类作为社会性动物，需要面对独居动物不需考虑的脑力挑战，我们必须认识自己族群里的成员，应付流动变化的关系纽带、处理冲突、控制或欺骗同胞等（唐华，2019）；而负责处理认知、空间推理、语言与抽象思维的大脑新皮层在整个大脑中所占的比例越大，个体能处理的人际关系也就越多，于是平均种族群体就越庞大（础德，2012）。

话又说回来，时间是残酷而现实的，它不会偏袒任何事物。纵观人类进化史，在生物界仍属于短暂的瞬间，人类的大脑究竟进化发展到什么程度，是否有"物极必反"的结果呢，不得而知，但愿越进化变得越好。

儿童生长发育周期为何那么长

有趣的幼态持续

在所有动物及灵长类中，人类儿童的生长发育周期是最长的，几乎占到整个生命周期中 1/4 乃至 1/3。不难看出，脊椎类或是哺乳类动物的幼崽自出生至会独立生存的时间远远短于人类；有些食草类动物一出生就会站立和奔跑，很多动物出生后不久就会独立生存，其性成熟、开始繁衍后代的时间也迅速到来，当然，动物界的衰老死亡相对于人类也是早得多。

在食物匮乏、危机四伏的生存环境中，动物界的种系繁衍策略之一就是"快生、快长、快独立、快生育"，这是生物演化中的淘汰、"逼催"的结果。而灵长类动物，其演化则是以不成熟时间的增加为显著标志。

的确，与所有动物相比，人类的童年期或不成熟期极大地被延长，儿童发育行为专家称：在所有生物中，人类的童年期绝对是最延迟的，这种现象就叫作"幼态持续"（neoteny）（杨宁，2003）。幼态持续的最初概念可追溯至《圣经》，而 Neoteny 一词则源自德语的 Neotenie，意即"伸展、延长"，作为形容词则是"稚气未脱、保留青春"的意思。

理论上讲，按物种孕期指数推算，人类正常妊娠时间应该是 21 个月，而非现在的 9 个月；人类自从直立行走以来，女性骨盆趋狭窄，而胎儿头颅不断扩增，为了解决子代的安全出生，也是出自母体的自我保护，不得已采取的一个策略就是缩短母亲孕周期，在胎儿身体还不是太大、太成熟的时候就把婴儿生出来，因此可以说我们人类都是"早产儿"。

早产的结果是：生出一个生理上远不成熟，在肌肉运动和知觉上都远远落后于其他灵长类动物幼仔的婴儿。因此新生儿头一年几乎就是胎儿期的延续，完全没有自主的生活能力，没有父母的呵护和精心养育几乎存活不下来。而且，为了养活子代，人类不得已变得少生和优生，力保生一个活一个，不像其他哺乳类一胎/次生一大窝，或以密集生育的数量来保障存活数。我认为，贫穷国家和地区的母亲生育孩子的数量多于发达国家的母亲，也可能是这个原因。

人类既然都是早产儿，就得需要更长时间依赖于母亲的养育，而获得养育者的爱护与照顾，就须长出招人怜爱的长相，那就是幼态持续的典型特征：大脑袋、大额头、大眼睛、小圆脸、小嘴巴、短下巴、短肢体、胖嘟嘟、萌态憨态可掬、招人喜欢。难怪成人一看到小孩，不由自主地心生怜爱，猛释催产素，恨不得"亲他一口、咬他一口"，都是中了幼态持续的招数。其实，所有小动物都具有这种特点，幼态萌憨可爱的长相，就是为了讨得成年动物（包括人类）的爱怜，催生其养育动机，借以增加幼崽自身的存活概率。

继而，幼态持续远没结束呢，人要到能够达到独立生活的年龄，大致要延迟到现今的 20 岁甚至更晚，并且硬是演化出了青春期（动物界几乎没有青春期）还不止，不信你看人类有了月经、遗精（作为可生育的标志）也不敢养育后代，因为要"混社会"还得不断学习和增加生存技能，直至到了有生存本钱和保障的年龄，才敢投入精力去结婚和养育后代；人类繁衍周而复始、绵延不断，其演化的终极目标竟然就是为了"基因扩散"。

儿童为什么需要那么长的生长发育期呢

幼态持续的目的就是为了通过延长成长时间来学习生存技能。学习的物质基础自然就是大脑，与脑量小的动物相比，脑量大的物种断奶晚、性成熟也晚，个体寿命也更长。

而学习就需要大量的能量与时间，物种演化的幼崽生长发育周期，恰恰是能量成本转换的结果，越是靠智能生存发展的物种，其幼态持续时间就越长。童年期延长是个适应演化的策略，这种策略使得儿童有了更长时间的养育依赖期，也使生殖成熟的时间延迟，推迟整个身体的发育成熟，而大脑则在整个幼态持续过程中不断成熟和逐步完成髓鞘化，以通过学习建构适应环境的神经网络。

幼态持续的另一目的，就是强化孩子对父母的依赖与保持更长久的情感关系，这是维持种系繁衍的另一策略，保持族群氏族内的长期联盟，更利于基因的扩散，所以人类文明就演化出了婚姻现象，而有了父亲对子代的投资与保护，儿童存活和发展的概率就会成倍增长，这就催生出只有人类才具有的丰富的情感活动与内容。单就面部表情而言，没有哪种动物具有人类这么丰富的表情了，这些情绪和表情的获得与学习，同样得益于亲子和族群间的长期互动。于是，人类自然就演化出了所谓的血浓于水、孝道、赡养父母、养老送终之类的观念和行为，显然这类道德观念在动物界几乎是不存在的。

很多哺乳动物出生后大脑基本完成了发育，颅骨完全骨化，与成年后的大脑几乎无异。于是，动物幼崽一旦长大，就会被父母无情地逐出门户，从此生死自顾，大概也不会再回来赡养父母，诉说亲子的儿女情长了。

静老师说

人类之所以有个延长的童年期，需要如此长的幼态持续，是因为人类与其他物种不同，人的社会属性极为复杂多样，逼得人必须具备更高更复杂的智力，这就得需要更长的时间来学习与掌握社会习俗、规范、制度以及必要的技能与知识，它也有利于人类文化的传播扩散。

延迟而不成熟的儿童成长周期、认知缓慢的积累和幼态持续，应该受到养育者们的尊重与科学的应对，其延迟具有生物学的价值和意义，除非是发育迟缓，不应该简单地从儿童是否成熟和成熟到什么程度来进行评价与归类。研究者和家长们应该探索和了解，幼态持续的儿童认知发展的特定时期及其规律，按其规律提供必要的学习技能时间与机会，才能获得可持续的发展，揠苗助长对儿童来讲绝非好事。

由自闭症儿童的"对视回避"谈谈眼神交流

眼神交流的功能

我们知道，人类获取信息量的 80% 是通过视觉实现的，故此有"眼睛是心灵窗口"之说。人彼此交流时，肯定会发生眼神接触，对视是一种非言语信息交流，它对人的社交和社会行为有很大影响；非言语信息还来自时间、空间以及视觉。

眼神交流成为心理学领域关注焦点是 20 世纪 60 年代早期的事情，起初将眼神对视定义为个人信心、尊重和进行有意义社交的重要标志。不过，人们的眼神接触会因文化、习俗及社会环境而有所差异，有时宗教信仰及社会性差异会使眼神交流的意义产生很大变异。例如，在某些宗教礼仪中强调，接触异性时要低头和尽量避免关注异性眼神和身体特征，这视为是一种尊重。再譬如，我们国家父母或教师批评孩子时会说"我说话时你要看着我"；而欧美国家师长批评孩子时并不强调看着批评者，甚至鼓励接受批评时盯着地板看。日本学校指导学生们上课时尽可能目光投向教师的颈部或领带；成人与上司交谈时会垂低他们的眼睛以示尊重。有趣的是，有些国外议会规定在会议上发言时禁止成员间的目光接触，因为政治争论时互相对视会增加彼此的敌意。

人的眼神接触，起初演化于识别对方的面部表情，即了解和揣摩对方的情感信息；这对人类食不果腹、茹毛饮血时代的生存极为重要，快速获悉敌手或盟友的信息，完全靠眼神对视的那瞬间，对视也是发出威胁和攻击的重要信息。难怪，猛兽如猫科动物相遇时通常避开彼此眼神，意在避免发生冲突，犬类也是如此，除非开打撕咬。因此，除了人类驯养的宠物，还真不要轻易近距离凝视动物的眼睛，否则容易被理解为威胁而向你攻击。

如今，人们交流时会下意识去搜索他人的眼光和面孔，寻找积极或消极的情绪征兆。在社交活动中，眼神接触会为彼此提供十分重要的意图和情绪线索。抛开敌对和开打的情景，我们完全可以假设，在一个群体中，如果众人的眼神很少或不看某个人，则说明该人在群体中无足轻重，或表明他/她在群体里是很孤立的；反之，聚焦众人眼神者可能是擅长社交和受欢迎的，他/她表达的信息是重要的。当然，眼神接触也是异性间沟通情感信息及调情意图的要素，无须语言，眼神就可表明和衡量出对方的兴趣、欲望或意图，如起初短暂的对视和避开，再频繁地窥探到深情地凝视；人的所有情意绵绵、七情六欲的秘密竟然全在眼神里。

眼神表达情绪的特征

（1）焦虑——眼神飘忽不定，眼睛湿润或潮湿。

（2）愤怒——眼睛瞪大、怒目圆睁。

（3）无聊——眼睛不专注，或看其他方向。

（4）欲望——睁大眼睛、瞳孔扩大。

（5）厌恶——迅速转离眼睛。

（6）嫉妒——瞪眼、眼神不屑。

（7）恐惧——瞪眼睛或回避，甚至闭眼/捂眼。

（8）幸福——眼神闪闪发光，眼角轻微皱纹。

（9）兴趣——强烈凝视，也可能眯眼看。

（10）可惜——目光凝重，眼内潮湿。

（11）悲伤——流泪或低眉垂眼、微闭眼睛。

（12）羞耻——眼神回避、眼神低垂。

（13）惊喜——睁大眼睛。

另外，眼神也极会撒谎。至少，在地铁公交等地方近距离接触陌生人时，人们都会刻意彼此回避目光接触，以掩盖自己的困窘或保护个人隐私，也是出于对对方的尊重；不信，你试试盯着人家看，要么会遭冷眼，要么挨骂。人撒谎时，眼睛往往会回避、飘忽、犹豫或"视而无物"，不过谎话老手除外，他们说起谎来眼神可能更淡定更自信。

自闭症的对视回避

研究发现，母婴之间的眼神接触量从新生儿至生后12周内会快速增多，生后1~4周内母婴眼神接触是最佳敏感期。婴儿哭闹持续时间与母亲眼神交流之间呈现负相关，即母婴眼神接触越多，婴儿哭闹越少，而且母亲对婴儿的依恋与关注的敏感性会趋于稳定。这说明，对婴儿敏感的母亲比非敏感母亲更容易注意和观察到孩子的行为问题。

英国心理学家对一组 5 岁儿童进行的研究发现，被提问时避免目光接触的孩子比保持目光接触的孩子更能正确回答问题。说明，观看对方眼睛和面孔时更能分散孩子的思维，且看着主试的面孔会同时加工过多信息而造成信号超载，因此答对效率降低。因此，告知教师和父母们，要孩子回答问题或批评时勿强调对视，这会适得其反。

自闭症儿童的早期症状之一就是与他人眼神交流水平低下或干脆没有对视，称为"对视回避"。虽然还不清楚自闭症为什么不看或少看他人的眼睛，但心理表征上可以肯定这是恐惧对视的表现。自闭症儿童通常存在感知觉方面的异常，要么过度敏感要么过于迟钝；他们的超敏现象同样会影响到视觉，如痴迷观看某些光线或物体，或恐惧看某些物体，如别人的眼光；他们也有触觉回避的表现，就是不愿意别人触摸或拥抱。理论解释，自闭症的这种反应是感觉加工障碍所致，它包括感觉过度反应、感觉反应不足和感觉渴望/寻求三个反应类型，有时可发生在同一自闭症孩子身上。

很多机构或家长容易把它称为"感觉统合失调"，甚至把一些运动发育不太好的孩子也这样盖帽界定，但这种称谓迄今还不属于正规的医学定义，至少在精神心理权威诊断标准里（如 DSM – 5 或 ICD – 11）就没有这样的诊断名称和疾病单元。

自闭症的对视回避有相应的神经缺陷的依据吗？目前，确实发现自闭症脑内调控情绪的神经中枢，如杏仁核、梭状回、尾状核等的发育有不同程度的缺陷，例如，右侧脑半球的梭状回对人的面孔识别起着重要作用。自闭症识别他人面孔与情绪时能力低下，脑功能成像研究发现，他们观看人面孔时梭状回不激活或弱激活。他们的感觉超敏和恐惧他人眼神的表现，也可能与其脑内纹状体的一种叫作多巴胺受体 2（D2）递质增多有关，这种递质可增加个体对某些刺激如眼神的恐惧与厌恶；这似乎与早期的不良应激/刺激有关，作为记忆印刻会在脑内不断得到强化而异化为持续性的对视回避。如在动物模型实验中发现，产前的某些应激刺激会显著增加母体的触觉回避和厌恶触觉。

静老师说

视觉交流对人类和儿童如此重要，意味着强化母子依恋和早期母子眼神交流，对儿童早期发展是极为重要的前提或是基础。我门诊接触的很多自闭症幼童的母亲常描述，自己因工作或其他原因较少照护孩子，或将孩子托养给祖辈老人；而有些老人喜欢采用播放电视方式养育孩子，这样孩子可以痴迷于电视而不吵不闹，省了老人们的很多操劳。儿童过早过频接触电视是否是自闭症发病的一种风险，目前还缺乏有效的证据。因此，凭个人观察和经验，建议母亲最好自己带养孩子，促进母子间的情感与眼神交流，少让孩子接触并沉迷电视节目，这至少对孩子早期发展、建立安全感和降低恐惧感是有好处的。

从"囚徒困境测验"解读人的合作行为

下文读起来可能稍显枯燥和偏专业，但建议您还是仔细读读，我们人类行为的本质概莫不是如此，可能对自闭症儿童的行为本质的认识也有所帮助。

有趣的"囚徒困境测验"

人际交往中，总是存在着权衡得失与个人利益最大化的动机或潜意识。这种本能是与生俱来的，就像儿童自幼就会表现出本能的助人/利他行为，随着年龄增长，助人行为中掺入更复杂的利己成分，如"既利他，又利己"或是"自己要活，也让别人活"的内涵。这种潜意识，可以促成儿童或是成人乃至利益群体间的合作行为，大到国家关系和国家之间的协作也包含了这层意识与考量。我认为，在中美贸易摩擦紧张的今天，要想充分发挥自己的潜能，合作还是关键。人与人之间、组织与组织之间，甚至国家之间都需要合作。

早在 20 世纪 50 年代，Merrill 和 Melvin 俩人在兰德工作时设计了一款叫作"囚徒困境"的游戏测验：A、B 两个囚犯分别被关进两个房间，彼此无法接触和交流；警方为犯人定罪量刑，提供了如下减免条件，要求 A 和 B 囚犯自行做出裁决：

（1）如果 A 和 B 各自背叛对方，他们每人都得坐两年监牢。

（2）如果 A 背叛 B，而 B 保持沉默，A 可获释放，B 将服刑三年（反之亦然）。

（3）如果 A 和 B 都保持沉默，他们两人将只服刑一年。

有趣的是，减免条件中（2）"背叛对方"获益最大，但风险也是最大。因此，理性而自私的囚犯都会背叛另一方，结果很可能是 A 与 B 彼此背叛对方导致（1）的结果。实际上，从利弊权衡来看，A 与 B 都保持沉默（合作而不彼此背叛）才会双方利益最大化。

在动物界，合作行为无处不有，这对种群的生存繁衍（或是基因扩散）极有意义，合作才是延续生命的重要策略，缺乏合作的个体容易遭群体排斥乃至"绝种"；很多种动物的合作行为内涵就是典型囚徒困境的不同范例，动物们大多会形成长期合作关系。在《动物世界》电视节目里，我们会常看到狮群、非洲野狗等的合作捕猎，集体惩罚背叛者；孔雀鱼（凤尾鱼）算不上是高等聪明的动物，但它们就会以群体合作方式巡查掠食者，竟然也会一起惩罚不合作的同类。人类同样也是对"叛徒"或是"出卖者"的仇恨甚于对敌人的仇恨。

较多研究发现，从发生的概率来讲，在类似博弈行为中大多数人会倾向囚徒困境（3）的选择，其唯一的解释是人们经历漫长的进化，自然固化了合作行为，这种结局带来的益处是显而易见的，因此具有合作行为基因的个体能够适应生存下来。

"囚徒困境"游戏出台后广泛引起学界关注，其后演绎出很多类似版本的实验来探索人的社会心理特质，甚至形成重要理论来解析经济学、国际政治等方面的问题，其中最著名的论著便是美国政治学家 Axelrod 的《合作的进化》一书。

人如何实现合作

与动物相比，人类的合作与利他行为是敏感而不稳定的，即所谓"没有永远的朋友和敌人，只有永远的利益"。这种解释过于倾向社会达尔文主义，人们有时在良知和理性上不大愿意承认和接受这种观点，但现实却恰恰就是如此。因此，对背叛、欺骗和其他作弊行为的反应都是由个人价值观、社会结构与文化传统中的复杂心理学来规范，每个人的反应程度和倾向都不同。

人类的合作与互惠利他行为有着漫长的进化历史，只有合作利他者能够在未来的某个时刻从合作受惠者那儿获得利益回馈。这会促使即使是非血缘关系之间，也会产生合作与利他行为的心理机制，从而得到进化发展。

当然，现实生活中人们一般不会遇到人为制造的"囚徒困境"，但事实上人际互动中潜移默化的囚徒困境式的博弈无处不在，每个人每时每刻都在有意无意地权衡着个人行为给自身带来的利与弊、得与失，只是应对处理方式或是风格不同而已。

Axelrod 在其书中提到，"囚徒困境"中人们会下意识采用"以牙还牙"或"一报还一报"的策略，这种策略的三个顺序是：首先，做出"从不背叛对方"的约定开始来合作，只要对方合作，那么合作互惠可以一直持续下去；其次，当对方背叛时采取报复，只要对方背叛，立马背叛和报复对方；最后是宽恕，如果对方改变态度，愿意重新合作，那就以宽恕来开始新的合作。仔细观察和琢磨人的行为乃至国家间的博弈，其本质也是如此。

这种策略的潜台词就是：合作共赢，自己要活，也让对方活下去，除非对方极端自私，或总是选择背叛，但贪婪自私者总会容易垮台。如果群体中大多数人采取这种生存策略，那就不会有比它更好的策略。于是人类的诚信与契约意识便由此产生和固化下来。

参与互惠式利他行为个体或是种群通常比那些自私的个体拥有更高的繁殖率。说白了，人类社会中，绝对的利己绝不会得到绝对的利益，最终会导致绝对自损和"自掘坟墓"。我总是和研究生们说"大舍方可大取"，就是这个意思。

静老师说

　　说到底，人是个极具社会性的生物，在人类智力中，与社会交往相关的能力是最为发达的部分，因为我们具有无可匹敌的面孔识别能力，社会脑和梭状回是其重要的神经学基础。依靠这种智力，我们能够选择包括快速判别敌我、合作利他、分清欺诈、辨识是否有人违反了规则、对方背叛时如何保全自己等策略。如今，有关方面的研究已深入到儿童心理发展和发育行为障碍儿童的认知领域，如自闭症。

　　毋庸置疑，自闭症儿童的合作利他能力恰恰是有缺陷的。因为，儿童与生俱来具有解读他人和合作能力，这方面的内容可参考第一章中的"自闭症儿童能解读他人心理吗"。至于如何培养孩子的合作利他行为呢，则可参考下一篇的"如何提高孩子的共情能力"。

如何提高孩子的共情能力

话说情商和共情

　　我们总能听到人们谈论有关"情商"的话题，它是相对于智商的一种概念，主要指人在情绪、意志、耐受挫折等方面的心理品质。人的情商确有高低之分，它取决于人的共情或心灵解读能力的高低，情商的核心成分就是共情。如自闭症、阿斯伯格综合征、注意缺陷多动障碍、品行障碍、反社会人格、边缘型人格、自恋型人格等通常表现为较低的情商，或其共情（empathy）能力低下。

　　共情又叫同情/移情，或同理心，与心灵解读内涵相似，是指个体能够理解或感受到对方的经历或感受，或是将自己置于对方角度体会其感受的能力，亦可理解为"感同身受"。同理心似乎指更广泛的个人情绪状态，包括照顾他人和渴望利他的行为，或体验与另一个人的情感相匹配的情绪，辨别另一个人的想法或感受，是感受和分享另一个人情绪的能力。积极心理学领域，共情与利他主义相提并论，利他行为是旨在使另一人受益的行为，当某人对另一个人感到同情时，就会发生利他行为。利他和利己是个矛盾体，它的表现因个人、场景、境遇、情绪状态而不同，表现强弱也相异，除了个人秉性（天性），诱发利他或利己行为的原因极为复杂。共情和怜悯情绪感染略有不同，怜悯是一种感觉，它不一定催生利他行为，如当一个人遇到麻烦或需要帮助时，因为主体无法提供帮助或解决问题，会对求助者产生抱歉但又无奈的感觉。

共情是天生的吗

共情能力是天生的，除了人类，其他灵长类或哺乳类动物也有共情表现，它源于种系繁衍和血缘关系进化，利他行为确实利于种群的生存繁衍，利他行为是种群为实现基因扩散目的所产生的结果，因此种群、氏族及利益群体发展的重要策略之一是利他行为在群体内得到赞赏、鼓励、巩固和发展。许多脊椎动物为保护血缘成员而将自己置于危险境地，如雄狒狒总是在群体里断后，且随时与捕食者战斗乃至牺牲自己。因为在自然界，利己或恶意行为个体的生存与发展概率极低，其基因也不易得到扩散，最后走向绝种。

人类的共情能力与生俱来，如幼儿看到其他小朋友哭泣，都会身不由己跟着哭，看到妈妈怒容时，顷刻会感到恐惧并哭泣，对大人逗弄会发出会心嬉笑，会观察和注意别人的表情，伙伴间游戏或怄气时情绪会受到感染等都是共情使然。新生儿就已会察觉妈妈的表情，母子依恋会使婴儿在无意识下实现共情，并经过母子情感互动迅速发展个人的共情能力，儿童共情能力随年龄递增变得日趋丰富而复杂，从而对他人的心理状态、情感活动、意图、掩饰、欺诈、幽默、无恶意开玩笑等快速领会，其间无须语言做中介，即可解读他人。

共情激发可使人产生同情、怜悯、利他等情绪与行为，感同身受、施舍穷人、同甘苦共患难、为友两肋插刀、同仇敌忾、舍身救人、无私奉献，黄继光堵枪眼、董存瑞炸碉堡、杨根思火海献身等基本是共情的"产物"。现代社会里，分工合作成为社会运行的基本保障，分工合作特别有赖于人与人间的共情能力，人们交往中会下意识地形成互惠互利的行为关系，且逐渐形成和强化契约意识，在保障群体利益的同时，也尽可能使自己的利益最大化。这在小朋友群体游戏或交际中也能反映出来，极端霸道或利己的小朋友通常很难交到朋友、获得友谊和帮助，除非改变个人角色和增加助人行为，否则他们容易陷于孤立无援的境地，因而变得恐惧、焦虑和抑郁。

如何促进孩子的共情能力呢

现实社会里，共情能力决定了我们人类需要努力做到如下关系：

（1）社交群中建立关系和联系。

（2）搜集和积累客观知识。

（3）帮助和揣摩他人。

（4）求同存异而促进合作。

（5）促进交流，说服对方。

（6）创建共同的社会认识和价值观。

（7）相信群体和凝聚力是彼此信任的基础。

可以说，具有高共情能力的儿童会有更广阔光明的未来。影响儿童共情能力的因素非常多，第四章提到的"家庭功能失调"就会严重阻碍儿童共情能力的发展，因此父母需注意文内提到的不健康的育儿方式，并引以为戒。

共情能力会影响成年后的交友、谈情说爱、婚姻家庭等的质量，共情能力不足或低下，会给个人生存质量带来负面影响，甚至会"折寿"。因此，从小培养儿童的共情能力十分必要，且有法可循。每个家庭或每个孩子都不一样，但大致可遵循以下做法：

（1）良好的亲子依恋、保障沟通技巧与质量。

（2）保障夫妻良好关系及其质量。

（3）父母身体力行胜过"喋喋不休"的说教。

（4）有同胞兄妹，似乎更能提升共情。

（5）教会孩子学习摆脱自我中心，学习关注周围的人。

（6）经常通过亲子互动实践"换位思考"。

（7）家庭成员间学会相互倾听、表达欣赏和尊重。

（8）培养和解读对人需求的敏感性。

（9）教会孩子学习观察并体验自己和他人的情绪。

（10）通过观察非言语信息增加对他人的了解。

（11）积极回应，而未必是事事认同/姑息。

（12）承认和理解孩子的情绪反应，少问"为什么"。

（13）恰当时候保持沉默，但保持理解和对视。

以上做法亦可延用于配偶或恋人。

说不清道不明的"感觉统合失调"及其难处

泛滥的名词及训练法

门诊中，常会遇到很多父母拿出各类医院或是名目繁多机构诊断其孩子为"感觉统合失调"（sensory integration dysfunction，SID，简称"感统失调"）的结果给我看，或干脆就说"我的孩子有感觉统合失调，应该怎么治疗""我的孩子在做感统训练"云云。打开网站，关于"感觉统合"（sensory integration）的信息也是铺天盖地，甚至学界也有人以此打幌撰文著述累累。

感觉统合是美国职业治疗师爱尔丝博士于1972年提出的学说，指将人体器官各部分感觉信息输入组合起来，经大脑统合作用，完成对身体外的知觉做出反应（Anna Jean Ayres，1979）。

感觉统合失调则是指外部感觉刺激信号无法在大脑作有效整合，使身体不能和谐运作，进而发展为各种障碍，影响身心健康。报道称，在现代化都市家庭中，感统失调的孩子高达85%以上，其中约有30%的为重度感统失调，实在是危言耸听。

SID都有哪些表现呢？概括起来有：①前庭功能失调，即平衡感差，手眼不协调，容易磕磕绊绊；②本体感失调，动作笨拙，姿势别扭，运动敏捷性差；③视觉功能失调，视感觉不良；④触觉功能失调，感觉敏感或是迟钝；⑤听觉功能失调，特殊的视听偏好，讨厌某些视听刺激等。

不难看出，具有这些特征的儿童可涵盖发育性运动协调障碍、孤独症、多动症、抽动症、学习障碍、轻度脑瘫、食物过敏以及各类发育迟缓等。

爱尔丝认为，儿童的感统失调是由于运动发育落后或是运动中枢神经损害引起的，所以，强化运动平衡训练，是矫治的基本原则与起点，并由此推出了各种感统能力测试方法及感统训练法（SIT），迅速推广至全世界许多国家，其市场至今经久不衰。

目前国内民营机构或是公立医院都设有规模大小不等的感统训练室，但凡被诊断为"感统失调"的儿童都会要求接受感统训练。内容无非是通过各种滑梯、滑车、跳袋、吊环、转盘、平衡木、轮胎、球池、圆筒吊篮、平衡踩踏车等器械训练孩子的感官、平衡、协调动作、结构式运动等。感统训练作为康复训练方法之一，收费标准不一，但效果评价颇受争议。

困惑与争议

关于感觉统合及其失调的提法，一直存在各种质疑，很多研究声称其诊断和疗效缺乏科学依据。至今，著名的国际权威诊断标准如 DSM – 5 或 ICD – 10 中并无相应的病名和诊断标准，因此医疗保险行业拒绝为这类诊断和康复训练支付费用。反而，从事该行业的人士及康复训练儿童家长，则坚持这种诊断可接受，以求孩子有资格获得伤残保险。

美国儿科学会（AAP）2012 年的一项声明中指出，"感统失调"并非为公认的诊断病名，建议儿科医生避免使用该诊断名称，不推荐任何类型的感统训练法，并建议治疗师如若实施 SIT，则有必要向儿童监护人提醒该方法迄今缺乏公认的疗效。更甚，2015 年出版的《孤独症和智障人士有争议的疗法》一书中提出，感统训练方法基本上没有任何疗效，其理论基础和评估方法也从未获得过有效验证，SIT 是对有限医疗康复资源的浪费和滥用。

然而，美国职业治疗协会（AOTA）则支持感统失调的病名及其治疗方法，并呼吁通过临床研究获得更多依据，以增加相关疗法的保险支持。该组织还努力向公众宣传 SIT 的有效性，并将其纳入相关实践指南中，强调 SIT 与教育领域的合作，以促进感统失调儿童的康复疗效。AOTA 在其官网上推介了几种与 SIT 相关的资源，还包括了 SIT 基本情况介绍、新研究进展和培训课程等。

静老师说

　　无论如何，有关感统失调的争论还会持续下去，就让它见仁见智吧。我认为，存在即合理，既然有机构和医院都在开感统训练课，家长乐意接受，对孩子也没什么害处，甚至对一些运动发育落后儿童确有帮助，作为辅助康复方法，应该有它的用武之地。

　　不过，国内当下"感统失调"和"感统训练"被用得过于泛滥，在医学上尚缺乏可循的依据，有资质的儿科医师，不宜滥下这一诊断。因为，"感统失调"不仅无法归到哪种疾病范畴，也容易使父母感到困惑、误读或误解，从而耽误孩子基本疾病的诊断与治疗，如孤独症、运动发育障碍、语言发育迟缓、多动症、学习障碍、抽动症等几乎都伴有感统失调所界定的症状，而这些病症，是无法用感统训练来治愈的，顶多可能起点辅助作用。

　　追溯爱尔丝的原著，感统失调倒是十分类似儿童发育性协调障碍（developmental coordination disorder, DCD），这是一种始于儿童期的慢性神经系统疾病，除了运动发育不良以外，该症还会损害儿童的工作记忆功能（主要指短时记忆，那种瞬时记住电话号码的能力），出现容易疲劳，容易惊恐等特征。该病的治疗不能仅仅靠感统训练，还需要心理治疗、运动训练、物理治疗、言语治疗等策略，单靠感统训练不会起太大的作用。

儿童的自恋人格是怎么"打造"形成的

过度自恋是个什么问题

　　记得以前有位中央电视台的年轻主持人到处炫耀、标榜自己与世界各国政要和大人物是朋友，主持节目风格上常显示侃侃而谈、咄咄逼人、不容他人讲话的感觉，给我的综合印象，这主持人简直就是个"自恋型人格障碍"者。

　　"自恋"一词源于古希腊神话中美少年纳喀索斯，因迷恋爱上自己水中倒影以至憔悴身亡的故事。研究者从精神病态和医学角度对自恋进行了界定，认为过度自恋是一种病态人格，称作"自恋型人格障碍"，主要表现为对自我重要性与独特性的夸大、自我欣赏、极度优越感、嫉妒和贬低他人、不合实际的权利感、极度渴望赞美、盘剥他人的倾向以及傲慢等特点（高爽，2018）。这种人格障碍大概在人群占到1%，似乎男性比例更高。

自恋型人格障碍者的典型表现

著名精神病学家霍奇基斯（Hotchkiss）描述了自恋型人格障碍的特征：

（1）傲慢：自恃清高或居高临下，对他人轻易表现不屑。

（2）优越感：觉得自己无所不能，夸大个人成就，总认为自己是最优秀和完美的，对赞美成瘾，不接受反对意见或反面话。

（3）缺乏羞耻：过分自豪而无羞耻感，即便做错事，个人可能有内疚感，但表现为错事是客观原因所致而非自己的缘故。

（4）嫉妒：经常不经意通过蔑视或矮化他人来保全个人颜面与优越感，说话中经常经意或不经意贬低、诋毁他人，或轻易觉得他人在妒忌自己。

（5）权力欲和特权感：总觉得自己应该得到特殊照顾，渴望他人围绕自己转，不顾及他人利益，不能忍受他人的慢待或无视，一旦遭冷落就会敌视他人。

（6）盘剥他人：轻易通过多种形式触及或剥削他人利益，而不在乎对方的感受与意愿如何，觉得他人就应处于屈从地位，因而很难获得真正友谊。

（7）缺乏共情能力：有时乍看起来挺理解人，其实他们无法做到真正意义上平等与互动，他们嘴上大谈人人平等，实际行为上表现自私和不顾及他人感受（姜涛，2014）。

过度自恋是如何形成的

所谓"山河易改，本性难移"，自恋型人格障碍的形成伏笔于童年期，且与养育环境和父母养育态度密切相关。弗洛伊德的理论认为，儿童自幼就有自恋特质，亲子依恋的两个极端都容易导致孩子形成过度自恋，即父母的过度溺爱或过度忽视。前者如，儿童幼年某个阶段会觉得自己无所不能，父母的溺爱态度及过分夸大孩子的能力，容易助长他们的自恋行为，加之无条件地满足儿童的需求，则会"雪上加霜"。从中立者角度看，过度自恋儿童的父母确实倾向高估自己孩子的素质。与此相反，父母对孩子缺少温暖或过度控制也容易导致儿童过度自恋，如缺乏父母温暖和关爱的孩子极少受到家长的表扬和欣赏，亲子间积极情绪互动太少，因而儿童则会通过自我膨胀和夸大自我来抵消自己的无价值感，渴望得到别人的认可与赞赏，进而形成了自恋人格，因此他们长大后其内心深处，隐匿着极端的自卑和自责心理。社会学习理论也认为，父母过度评价和溺爱导致儿童早年形成自恋，夸大的表扬会让孩子将个人能力与自我价值联系在一起，倾向于认为自己特别优越（高爽，2018）。现实中，有些长相俊俏、口齿伶俐、擅长表演、成绩优秀、经常受家长和教师表扬的孩子也容易养成过度自信和过度自恋倾向，他们有可能通过自己一技之长获得好的成就和社会地位，而职场上的好成就更容易使其膨胀而不能自拔。

自恋型人格障碍者的烦恼

在实际生活中，他们稍不如意，就体会到自我无价值感。他们幻想自己很有成就，自己拥有权力、聪明和美貌，遇到比他们更成功的人就产生强烈嫉妒心。他们的自尊其实很脆弱，过分关心和在乎别人的评价，渴望得到别人持续的关注与赞美；对批评则感到内心的愤怒和羞辱，但外表以冷淡和无动于衷的反应来掩饰。他们不能理解别人的细微感情，缺乏将心比心的共情，因此人际关系常出现问题。他们常有特权感，期望自己能够得到特殊的待遇，其友谊动机多是从个人利益出发的（谢建立，2018）。

自恋型人格障碍者常有普遍的人际关系问题，很难获得真正的友谊或朋友，他们的情绪忽冷忽热，令别人难以捉摸；他们的抑郁情绪、人际关系上的困难或不切实际的目标可能会影响到工作及周围人。但另一方面，他们对功利的追逐也可能使他们获得较高的工作成就和地位（姜涛，2014）。不难看出，从具有一定社会地位和成就的人身上也能看出自恋的特点，只是程度不同而已。极端的自恋容易使他们除了自己，对他人或事物漠不关心，容易敌视外界，但又总想从外界得到认可，所以他们的行动通常对周围及他人很有破坏性。

天才儿童的特点及其培养

生活中有天才儿童吗？当然有。天才儿童又叫超常儿童，指智慧和能力超过同龄儿童发展水平的儿童，而且是与生俱来的能力，因此也叫"天赋"。

一般来讲，在标准化智力测验上智商（IQ）超过140分的孩子就可视其为天才儿童。他/她们的超常能力主要在智力、创造力、学习成绩、领导力、特殊才能（艺术、表演、运动等）等不同方面的一个或多个范围表现出显著的超高水平。

如在最近火爆的电视节目《最强大脑》里，有个叫孙奕东的孩子成功快速走出令人眼花的三维迷阵，使得场上叫绝不断。据说他从4岁开始就在华罗庚杯、陈省身杯、迎春杯、希望杯这些国内殿堂级数学竞赛中获得一等奖，还曾经获得世界趣味数学大赛金奖等荣誉。再有，他在10岁时就在大型运送小球的流水线挑战赛中创造了吉尼斯世界纪录。

天才儿童具有的共同特点

（1）早熟：天才儿童大都早熟，他们会很早就表现出某些能力超过同龄儿童，而且在学习掌握这些能力相关知识时比其他孩子轻松得多，可以肯定这种能力来自"天赋"。

（2）热衷于探索感兴趣的知识：天才孩子特别痴迷于自己感兴趣的知识，有的可实现无师自通，也可能不断追问师长有关知识的问题，压根不需要家长和教师的催促，他们会自我激励。

（3）依赖自己：天才儿童的学习策略和技巧不同于其他儿童，在学习时他们会自己发现解决问题的独特方法，而且不喜欢别人的指导，他们通常较少依赖家长或教师的指导。

（4）展示卓越的推理和创造性思维，具有超越常规的想法和思路。

（5）在集体活动中足智多谋，适应性强。

（6）具有强烈了解周围与世界的动机。

（7）能够用母语很好地发展自己的词汇量，以及语用学表达良好。

（8）能够快速学习概念、定义以及公式等，并且能重新构建和开发这些概念。

（9）有可能具有强烈的正义感和道德感。

（10）在团体中以各种方式展示领导才能，如说服众人或对方，主动以身作则。

（11）能够理解和运用超越自己年龄的幽默和讽刺意思等。

另类的天才儿童

不可否认，也有些天才儿童的表现迥异，他们的才能是异步发展的。如他们的思维能力优先发展，而身体成长或是语言能力相对滞后，或是特殊的认知能力与情绪发展不同步。譬如，爱因斯坦的早期语言发展确实很落后，一度被怀疑智力发育迟缓，因此其独特的天赋在童年期遭到严重低估。这类例子在国内外还真是不少见，例如，我国著名的数学家陈景润用其卓越才能解开了"哥德巴赫猜想"，但他在日常生活及人际交往等方面则差强人意。

说明儿童的天赋会以不同方式或风格表现出来。用统计学来解释，在所有知识领域中，儿童的天赋往往不会是均匀分布的。例如，很多阿斯伯格综合征儿童就具有多种特殊才能，但他们在社交和日常行为方面则会表现得不太理想。即便是正常天才儿童，有的在解决逻辑问题方面表现出色，但可能在读写方面表现糟糕；一个具有超凡阅读能力的孩子，却在数学上表现平庸或成绩不及格。

另外，社交性孤立也是某些天才儿童的特征，似乎印证了"高处不胜寒"，他们可能寻找不到与自己智力匹配的朋友；为了获得社交认可，他们会刻意隐藏自己的能力而试图获得群体的认可；他们经历的孤立并不是与生俱来的，而是由社会评价及个人归属需求反应所导致的。譬如，我曾接触过一位多门课挂科而延迟毕业的大学生，交谈中他表现出极高的认知与天赋，当初就以高分考进了中山大学，但入学后对很多课程不感兴趣且不去听课，也不善于与同学交往，成天沉迷于个人阅读或是看手机信息，最后产生了厌学和轻度抑郁的症状，其实已符合"被动攻击型人格障碍"，即表面上服从校规，但暗地里通过敷衍、拖延、不予合作、不听课、私下抱怨过多来表现低的个人成就，但又相当依赖权威。

这些天才的表现也许能用美国心理学家 Gardner 的"多元智力理论"来解释。他指出，有些智力天赋存在于经典知识范围或是标准化智力测验内容以外的领域，因此他把人的智能归到八个单元：语言、数理逻辑、空间、身体运动、音乐、人际、内省、自然探索（王茹玉，2014）。

如何引导天才儿童

（1）让孩子参与头脑风暴，提出尽可能多的视角与观点，其实头脑风暴指的是一种学习方法，鼓励孩子提出各种创造性或是"不合乎常规"的想法或观点，找出各种方法的缺点，具体描述自己脑子里想象的画面。不过，有些天才儿童只有独自操作和思考时才会发挥独特的能力。孩子的想法越多，他们创造新异事物的可能性就越大，因此鼓励他们尝试失败与挫折，可能他们提出的奇思妙想会难以实现而走进"死胡同"，但也不宜给孩子设定太多的"标准答案"和提示。

（2）提供激发想象力的环境与机会研究发现，有些场景利于发挥创造力，有些场景则恰恰相反。很多著名科学家或天才儿童的奇思妙想恰恰是躺在草坪上观察云彩与星辰，或眺望远方山峦或海市蜃楼，或酒吧里海阔天空聊天，或参观博物馆时产生的。而一味刻板的教室教学与死记硬背教科书，很容易抑制孩子的想象力。应试教育规定的"标准答案"也容易扼杀孩子们的想象力。

（3）不要试图过分控制孩子，事无巨细地告知孩子如何做好一件事情，会使他们觉得任何其他独创性做法都是错误的。家长如果允许和鼓励孩子选择自己感兴趣的方式去解决问题，可大大减少对孩子好奇心的破坏。门诊中，确实有很多孩子对我说起，当他们做事或是做作业时家长在旁，就感到被监视和有压力，无法专心和尝试用其他方式解决问题。另一种破坏儿童创造力的做法就是父母和教师过高的期望值，并且希望孩子把事情做得尽善尽美。

（4）鼓励孩子内在的自我动机奖励的滥用十分不靠谱，如每做成一件事就在旁大喊"你真棒！耶！"，或是用红花、钱币或是玩具奖励孩子，也会抑制孩子的创造性。因为这种奖励大都会削弱创造性本身给孩子带来的愉悦感，也就是说对奖励和好评的追逐，会弱化孩子自身内部的自我动机和自我奖赏。创造性活动本身及其结果就会给操作的孩子带来极大满意感，在没有干扰的情况下，他们会有更强的探究尝试和动机。

（5）让孩子多接触具有创造性的人士或是伙伴，可考虑邀请不同业界成功的人士，或是有创造性工作经历的人士来给孩子讲述自己的经历、想象力的来源、创造灵感的闪现等，对孩子非常有帮助。例如，作家、诗人、音乐家、画家、科学家、创业者、大学生、天才儿童等都是不错的人选，一节生动而有趣的故事课会极大激发孩子们的想象力与创造力。

另外，天才儿童的超高能力、社会性孤立、敏感性和不均衡的发展，可能会使他们面临一些具有挑战性的社会与情感问题，但他们的解决问题的能力、不俗的社交技巧、逻辑推理、校外兴趣活动和自我满足成就感，会帮助他们具有更弹性的环境适应力。

儿童的"左撇子"需要矫正吗

儿童的"左撇子"需要矫正吗？大可不必。人体外型从中线划分，看似很对称，一半躯体似乎是另一半的"翻版"；但实际测量并非如此，从头至脚总有些许差异，假如从中折叠一张直立人的照片，双侧身体并不能严丝合缝对称。进而，包括内脏器官及大脑在内，人体各部位的功能其实并不对称，最明显的就是用手习惯，大部分人习惯用右手，小部分人则习惯用左手，俗称"左撇子"，医学称作左利者，就是日常手操作，如写字、拿筷子、拍球、劳作等习惯用左手的人。

人体功能的单侧化测量发现，人的双眼、双腿、两耳、两脑半球等均存在不对称；尤其是大脑，左右两半球形态与功能均不对称，绝大多数右利者和相当部分的左利者左脑半球主司语言功能，右脑半球则主司视觉空间、方位感等功能。比较来看，男性左利比例高于女性，欧美国家左利者高于亚洲国家，且世界范围内左利者比例呈递增趋势。研究认为，人类出现语言以来，左脑承担起语言功能，控制手功能的脑区与之相邻，所以劳动与操作习惯右手化，从而系统性进化为右利，成为身体功能不对称的遗传基础。如父母或祖父母有左利者，子代出现左利的概率就很高，但它不意味任何异常。

随着义务教育普及化，早先认为左利对儿童学习不利，因而很多国家对左利儿童强制施行右利矫改措施，例如，以色列建国初期国民左利比例高达15%，而建国后出生的人左利则降至6%左右，显然是教育矫改所致。其依据是，智力发育落后、学习困难、语言落后、口吃以及某些发育行为障碍儿童的左利较高发，早产、低出生体重儿（如出生体重1 500克以下）

约 1/3 为左利。

迄今为止，关于人体功能左右利分化的神经机制有多种学说，但都不足以形成学界共识。较有影响的观点认为，宫内雄性激素水平可延缓胎儿大脑左半球的发育，并且影响语言发育和免疫功能，因此男性化趋势更容易出现左利，即男孩左利高于女孩。甚至有研究报道，左利者人群罹患过敏性疾病、溃疡性结肠炎、糖尿病、风湿病、甲状腺疾病等的比例高于右利者。这也能解释，左利儿童中会出现个别视觉空间能力超常的孩子，有些孤独症儿童语言功能退化时右脑的视觉空间功能反而超常发展，表现出惊人的视觉空间能力；如荷兰著名的画家 David 自幼是患孤独症，三岁起第一次拿起画笔，就好像遇到了很久没说话的朋友，画出了很多令人难以想象的画面[①]。

但上述情况无法解释一般人群中很多左利者过着正常生活，且有作为者大有人在，如爱因斯坦就是左利者。而且，大数据分析发现，世界范围内左利者似乎越来越多，如我们的邻国日本近 20 年间，大学生的左利者增长十分明显，这显然是现代教育和文明的宽容与理解的结果。左利作为人类生态的一种现象，并非"异常"，很多左利者不但天资优秀，甚至擅长某些职业，如有研究者对美国一部分优秀大学生进行了心理旋转、积木、隐含图案等与空间认知相关的心理测试，发现左利者的成绩优于右利者。在大学里，选学建筑学、美术及 IT 专业的大学生中左利者的比例较高，有些体育项目如网球、乒乓球、击剑、垒球、拳击等项目中左利者运动员所占比例也很高，甚至有的是右利矫改为左利的。

值得强调的是，对天生左利的儿童实施强制矫改右利，不但无法提高其学习能力，反而容易导致诸多负面影响，如引发口吃、抽动障碍、情绪问题、注意力不集中、学习动机薄弱、做事拖拉、学习抵触等现象。因此我认为，左利是人类的一种正常现象，并不意味着异常。综合评价，左利和右利的健康程度、学习生活质量、社会地位、事业成就等方面并没有实质性差异。理论上讲，利手的变更并不能改变大脑原有的功能程序及其神经机制。

左利者可能某些方面较右利者处于不利，如日常生活及使用工具方

---

　① 引自《3 岁画画的自闭症天才，画出了另一个世界!》［EB/OL］. https：//www . sohu. com/a/303481193_508932.

面；但左利者具有的某些优势也是右利者望尘莫及的。现代发育儿科学并不强调左利儿童非要矫改为右利。然而在我国，因传统文化和学校教育影响，时至今日仍有很多家长和学校坚持左利儿童要矫改用右手写字，是个值得反思和警示的现象。研究显示，中国人左利者其实很低（大约占0.3%），混合利（左右都用）则约占9%，但中国的父母对左利儿童进行矫改的意识最强，而且强制执行得也彻底；儿童左利手的矫改成功率大约为20%，年龄越小矫改成功率越高，右利的父母比左利的父母矫改儿童左利的态度更明确更强硬。提醒一下，拟矫改儿童左利的父母，首先应了解儿童出现左利的原因是天生的还是病理性的，并应听取专业医师的咨询与指导。一味盲目地对儿童左利进行矫改并不一定能达到预期目的和效果，有时会适得其反。随着社会文明的进步，左利越来越被社会接纳和认可，人类学习、生活用具和设备的生产也越来越多地考虑到左利者的权益，鉴于这种发展趋势，对左利儿童进行所谓右利矫改就没有什么科学依据和理由可言。

电子游戏对儿童有危害吗

背景

电子游戏成瘾指的是无论孩子还是成人，难以遏制地消耗大量精力与时间陷于网络（包括电脑、手机）或单机（包括电脑、掌机、街机、手机）游戏上，甚至影响了生活、学习和工作，或耗费大量的金钱，并难以自我戒断的一种行为。精神病学家已提出警示："电子游戏成瘾是一种现代心理障碍，正越来越频繁地被发现和诊断。"

不论是单机还是网络游戏，就像赌博一样，可以提升大脑里的多巴胺水平，从而使人获得快乐，并不断增加这种行为，游戏同时与"逃离现实生活"的心理成分相结合，与滥用药物后的心理感受非常相似。因此，2018年6月世界卫生组织颁布的国际疾病分类手册第11版（ICD - 11）中将其列为精神障碍之一。当然，这方面的讨论和争议正席卷着全球，其正面或负面的评价不会短期内得出大众共识的结论。

潜在的风险与担忧

有一个令人担忧的现象是，我门诊接触的很多年幼自闭症，家长总描述孩子自幼有过频繁长时间接触电子游戏的经历，儿童过早、过频接触电子游戏可能存在着一定的"诱畸"或发病"扳机"的风险，但这方面推测需要有研究和数据方面的证据。

这种担忧的间接依据是，早在 1996 年，任天堂推出了第一代精灵宝可梦（Pokémon）的掌上手游 Game Boy，5 岁以上儿童都可以进行游戏操作，这在当年成为风靡一时的儿童玩具。最近发表在著名的科学杂志《自然》上的一篇文章告诉我们：小时候经常玩任天堂宝可梦游戏的人，成年后大脑中就会有一个特殊识别宝可梦的脑区，意即小时候游戏玩多了，能在大脑留下特殊烙印。研究人员认为小时候大脑还处在发育期的时候，经常接受宝可梦游戏刺激，是特异脑区形成的原因。他们表示：我们的大脑并非一成不变，至少儿时的经历会显著改变大脑。这方面还有早期受忽视与虐待儿童的脑发育障碍的依据佐证。

当然，还有其他类旁据，如儿童长时间注视电子屏幕所诱发的癫痫病，尤其当电子屏幕图像跳动不稳、光线过强、画面变动速度过快或距离过近等情况时可以诱发儿童的癫痫，故称其为"视屏性癫痫"。

此外，临床观察发现儿童长期观看视频和玩电子游戏确实容易引起或加重抽动障碍、注意功能下降、超重肥胖、视力异常、睡眠障碍等问题。

研究人员根据儿童心理学家班杜拉的社会学习理论，研发了一种录像示范法（VM）。VM 是通过视频观察学习的一种形式，让个体观察成人在视频上的成功行为，然后进行模仿、强化，从而建构儿童的行为。据称，VM 技术应用于某些发育障碍儿童如学习障碍、语言落后、选择性缄默症、数学障碍、情绪障碍等的行为训练，获得了一定成功，但追溯相关文献，报道和依据仍十分有限。研发人员对将此技术沿用于自闭症的治疗还是抱有审慎的态度，强调对 4 岁以下的儿童及自闭症使用可能存在不确定的风险，并呼吁用户必须小心谨慎，勿过度宣传和解读 VM 的功能。

至少，国外近年的几项研究表明，孤独症患者成为病理性电子游戏应用者的风险高于正常对照组，也容易受暴力游戏的负面影响，睡前玩电子游戏会不同程度干扰孤独症儿童的睡眠质量。

另外，暴力内容的视频或网络游戏会否引发儿童青少年的暴力与非法行为，这在社会各界正引起广泛的关注与讨论，矛盾性报道甚多，成了公众与玩家、商家间无休止的博弈。

静老师说

　　网络化时代摒弃或逃避电子游戏几乎是不可能的事情，电子游戏的进化与演化愈演愈烈、势不可当，我们需要客观、理性地面对，这对广大父母和养育者尤其重要。电子游戏是把双刃剑，这在于其使用程度的把控及对其内容的选择。探索并阐明电子游戏如何影响和改变儿童的脑与神经发育，是考验我们人类智慧的重大课题。

　　国内电子游戏行业应采用自我评价系统来限制玩家对象；如建立娱乐软件分级系统，在电子游戏软件中标有明确标识，告知家长孩子们可以或不可以玩的电子游戏类型。

校园暴力（霸凌）及其危害

令人发指的校园暴力

　　2019 年 7 月，一段江苏宜兴中学生霸凌视频被曝出：四名女中学生狂扇一名弱小女生的耳光，并让她跪下喊"爸爸我错了"，过程中，施暴者还不断要求被施暴者"给我笑一下""别哭！憋回去"；其中一施暴者狂扇被施暴者 3 个耳光后发问"错哪儿了"，另一名施暴者还叫嚣："要不要我给你报警？报警他们也找不着我。"

　　事后，警方介入调查发现，受害人季同学是宜兴某初中 13 岁的学生，另四名施暴女生都不过十二三岁，同为中学生。这些年，校园暴力或霸凌视频/报道充斥着网络，看着令人心痛和不寒而栗。

　　校园暴力也叫校园霸凌（School Bullying）、校园欺凌，指霸凌者或一群霸凌人对被欺侮者进行重复的暴力伤害行为，除了攻击殴打等各种躯体伤害外，还包括语言谩骂、侮辱、诋毁、唆使或逼迫其做违心事情等，也包括对被欺侮者的猥亵、性侵等行为。

　　校园霸凌可发生在任何人际互动场所中，包括学校、街道、郊区、公共场合、社区等，即校园暴力只是个泛指，它可发生在任何可能的场所。

不难看出，霸凌者通常拥有高于被霸凌者的力量，如社会权力（团体地位）、体能及管教权（拥有的职位）等。校园霸凌范围从简单的一对一欺侮到复杂的团体霸凌，其中必然包括一个或一个以上的霸凌者，以及未必每起霸凌事件皆参与的协助者，有些儿童则是被胁迫而参与团体欺凌。

霸凌通常给遭欺侮者造成身体、心理、社会适应等方面不同程度的伤害，最常见的就是出现愤怒、恐惧、屈辱、沮丧、持续压力感和自杀意图，乃至自杀行为。

世界各国均有校园霸凌的报道，因此校园霸凌行为引起社会各界广泛关注，并引发在界定、定性上的争议，其中文化特征与经济发展水平对霸凌行为的出现起着很重要的影响。

对校园霸凌行为的定性，至少应符合以下几个标准：

（1）怀有敌意。即霸凌者造成的伤害是故意的，而非是偶然或是一两次性的。

（2）权力失衡。即霸凌者和受害者之间的实际或感知的权力/地位不平等。

（3）重复。即在一段时间内施暴与被欺侮多次发生。

（4）受害者苦恼。受害者遭受不同程度的心理、身体或社会适应方面的创伤。

（5）挑衅。即霸凌是施暴者的攻击行为或是利益所驱动的行为。

一般来说，青少年霸凌行为有这些特点：

（1）男孩与女孩同样都会有霸凌行为，但多见于男孩。

（2）男孩大都会被男孩霸凌，女孩则会被男孩及女孩霸凌。

（3）言语攻击是最常见的霸凌方式。

（4）男孩更倾向于用身体进行攻击霸凌，女孩则是以语言侮辱、散播谣言、社交孤立进行攻击霸凌，并以群体霸凌为主。

因此，被欺凌时间长了，受害者大都会有身心创伤及心理障碍。

主要原因

校园霸凌原因极为复杂而宽泛，概括起来有如下四个方面：

（1）性别差异。通常男孩更具有攻击性，因此同学间的打斗、争执较多见于男孩，也因此男孩间更容易形成霸凌行为，行径霸道的孩子更容易欺凌弱小的孩子，男孩霸凌女孩也比较普遍。在许多文化中，都存在着显性或隐性的性别歧视，或是性别行为的规范与限制，这些规范塑造男性的统治意识/地位和女性的自卑/顺从心理，并通过暴力使这些规范泛化和永久化。这从成年男性施暴女性，或是家庭暴力可窥一斑。

（2）家庭的不当养育经历。原生家庭父母不当教养方式可能导致孩子成为校园施暴者。自幼遭受父母虐待/体罚，或者目睹父母间暴力相向的儿童，更容易表现出攻击行为。此外，家庭因素也和孩子成为受害者密切相关。有研究发现，易遭霸凌的男孩在家庭关系中，一般与父母间关系过度密切，且其父母有过度保护/呵护倾向；而女性受害者，更多来自情感虐待家庭。父母养育排斥、冷漠、家暴教养等，容易使儿童固化负性情绪，如愤怒、敌意、过度警觉、对刺激过度反应等，他们在学校更容易通过行为内化（或叫模仿）攻击其他儿童，或将挫败感、报复心宣泄到其他弱小儿童身上。

（3）校园氛围。有校园施暴行为的那些学生可能有成绩不良、学习厌倦、经常遭受学校体罚、多动症等问题。这些学生容易产生无聊感和厌学，除了欺侮他人或是选择特定"软柿子"捏揉外，别无它事可做。如果学校管理者和教师忽视或是不当暗示，则会加重同学间的霸凌行为。

有意思的是，若教师当众批评、惩罚或是羞辱某些内向弱小的学生，则他们也容易成为其他孩子"恶作剧"和欺凌的对象。学校对同学间的霸凌行为"视而不见"或是无暇顾及，或是教师缺乏足够的干预能力，则霸凌行为易出现持续和升级。校风不良时，更容易助长学生间的拉帮结派和欺侮弱小等不良行为，或形成暴力团伙施暴他人（为逃避惩罚，团体施暴具有相当的隐匿性）。不良的校风也容易引来社会不良少年团伙游弋学校周边，伺机向学生下手。

（4）学生本身问题。有些学习不良、体质弱小、性格胆小内向、轻度孤独症、性格独特张扬、社交困难、情绪困扰、娇纵任性、抗压能力低下、方言音重、体貌方面有缺欠的儿童，或是流动家庭、单亲家庭、频繁转学的儿童特别容易成为被霸凌的对象，而且受害程度更重，持续时间更长。据报道，在欧美等国家，移民或是有色人种儿童容易成为被霸凌对象。

经济损失

国际社会调查发现，校园暴力造成的经济损失十分巨大。在巴西，青少年暴力行为导致的严重后果每年就要花费近190亿美元，其中9.43亿美元与学校的暴力行为有关。据估计，与学校相关的暴力行为每年给美国经济造成的损失为79亿美元。美国国际开发署（USAID）的分析表明：仅因学校有性别歧视与暴力，就可使小学教育水平整体受影响和下降，其每年的成本多达170亿美元，差不多相当于一个中等收入国家的年GDP。在阿根廷，儿童因暴力而过早辍学可造成全国GDP损失11.4%。据估计，在东亚和太平洋地区，暴力和虐待儿童所造成的经济损失相当于该地区年度GDP的1.4%~2.5%。

静老师说

短期内，受霸凌儿童可感到沮丧、焦虑、愤怒、压力感过大、习得性无助（那种叫天天不应叫地地不灵的感觉），感到自己的生活已经崩溃，学习成绩显著下降；恐惧上学并逃避上学，持续的伤害通常导致他们抑郁，产生自杀的意图甚至采取自杀行为，如我们邻国日本和韩国这方面报道就特别多。

那些未参与，但目睹霸凌过程的儿童也会出现愤怒、恐惧、悲伤、怜悯而无助的感觉，他们也会出现与受害儿童同样的负面情绪。

从长远来看，受害儿童具有持续的不安全感，对教师及同学缺乏信任感，不愿人际交往，极度敏感和过度警觉，易感素质儿童可引发更严重的心理障碍，如回避型人格障碍或创伤后应激障碍之类的精神疾病，或者发展出其他健康问题，如贪吃肥胖、食欲下降、睡眠障碍、持续敌意、报复性攻击，有时会导致他们去折磨别人。

霸凌少年及受害者双方都存在不良情绪感受，如同样存在焦虑、抑郁和心身症状。有报道，参与长期霸凌的儿童青少年中，18岁及以上更容易酗酒和物质/毒品依赖。

从长期来看，多数霸凌青少年，成年后情感或是共情能力受损，他们缺乏同情心、内心冷酷、具有反社会倾向或是犯罪行为，即使结婚生子，也有家暴倾向。显然，他们成年后的生活质量也好不到哪里去，因不良嗜好和行为而易折损寿命。

在一般社会中，倚强凌弱行为普遍存在。"从众心理"会引发平时无不良行为的儿童乐意参与到团体霸凌，这似乎符合人类自身的某种"本能行为"，在攻击霸凌行为中体验到"快感"，从而强化自身的霸凌行为。古斯塔夫的《乌合之众》一书所描述的群体无意识行为，恰恰反映的就是人类这副"德性"。

如何防范校园霸凌行为

校园霸凌行为可对受害儿童造成不同程度的身心伤害，进而影响他们的学习生活质量。

敏锐观察、察觉霸凌者和遭霸凌儿童的特点与表现，是预防校园霸凌的一种方式。

霸凌者的特点

霸凌行为的形式多种多样，包括：直接击打、辱骂、扇耳光、揪头发、掐、踢、戳、冲撞、不当触摸、推搡、威胁、偷和藏匿受害人物品、敲诈勒索、孤立、制造谣言、起外号、取笑、诋毁、恶作剧、猥亵、性语言挑逗、胁迫唆使做违心事情、利用网络骚扰和谩骂、威胁把隐私网络传播等。

美国一项对全国 30 多万名在校学生的调查显示，具有霸凌行为的孩子有如下特点：

（1）比受害者更容易交上朋友。

（2）霸凌行为一般会随着年龄的增长而降低。

（3）通常道德意识薄弱，对事物多以自我为中心做出判断。

（4）自身遭受家庭暴力（遭受家暴的青少年，更容易受负面同伴关系影响，更易有霸凌行为）。

（5）有发育和行为障碍问题，如多动症、焦虑及抑郁倾向的青少年更容易出现霸凌行为。

（6）缺乏同情心。

（7）经常被教师叫到办公室训话。

（8）有经常参与打斗被投诉的经历。

（9）经常欺负其他同学。

（10）情绪不稳定，可能有暴怒和违拗行为。

（11）可能有其他不良的学校行为表现。

（12）可能有扬言"杀人"或是"想死"表现。

（13）未接受预防霸凌教育的孩子，约有25%的儿童会乐意"观看"或参与霸凌行为。

（14）习惯霸凌者到了24岁时，约60%的人会犯事和被定罪。

（15）霸凌行为到了中学阶段表现更加隐匿和复杂，不易被家长和教师发现。

遭霸凌儿童的特征

遭霸凌儿童通常身体偏弱小，更敏感、不开心、谨小慎微、焦虑不安、安静和退缩。他们在行为上更容易被同学形容为被动或顺从，即使受欺负也不太可能进行报复或是向教师投诉告状。

遭霸凌儿童的可疑迹象

（1）身上有无法解释的伤害。

（2）怕报复而不愿说出打斗真相。

（3）表现出焦虑和创伤后应激障碍。

（4）衣服、书包和学习用具丢失或毁坏。

（5）饮食习惯的改变，零钱不见。

（6）学习动机下降、成绩下滑明显。

（7）不想上学或拒绝上学。

（8）可能有自伤、自杀倾向。

（9）过度自责和道歉。

（10）突然的情绪爆发和攻击行为，这种行为平时极少见。

（11）逃避团体活动，不愿参加体育课。

（12）过分羞怯，不愿回答教师提问。

预防及教育

从国内和国际预防校园霸凌的措施来看，主流做法还是以预防为主，就是在霸凌行为发生之前予以控制和禁止。预防校园霸凌的关键主体包括学校管理者、教师以及父母，也可包括相关社团组织。教育主管部门制定反霸凌计划及相关措施十分必要。

如我国 2016 年 5 月印发了《关于开展校园欺凌专项治理的通知》，要求各地各中小学校将针对发生在学生之间，蓄意或恶意通过肢体、语言及网络等手段，实施欺负、侮辱造成伤害的校园霸凌进行专项治理（冯旭东，2016）。

实验证实，接受霸凌辨识教育训练确实能提升教师对校园霸凌的正确辨识度。

教师最常用的预防策略就是与施暴者和受害者双方进行沟通交流、调解冲突和寻求其他方面的帮助。校领导应把校园霸凌行为作为重点预防工作来抓，及时有效地对教师员工和学生进行反霸凌教育培训，以警示、预防和解决校园霸凌。

1. 组织学生和教师参与预防霸凌教育活动

（1）通过互联网或图书馆，查阅霸凌案例资料，教给孩子如何预防和应对霸凌。

（2）通过学生和教师演讲、角色扮演，宣教如何制止霸凌行为。

（3）在班级开展如何面对和应付霸凌的话题讨论。

（4）可鼓励学生通过创意写作反对霸凌题材的故事或是诗歌，或以短剧形式教导旁观者如何提供帮助。

（5）制作相关的艺术作品，如关于尊重或霸凌行为的拼贴画。

（6）通过课堂讨论如何建立和保持同伴关系。

2. 惩戒措施

（1）情节轻微者由学校开展批评教育，霸凌学生需书面道歉。

（2）情节比较恶劣者由学校会同派出所民警开展批评教育，霸凌学生需书面道歉。

（3）屡教不改或情节恶劣者，可考虑转送到专门工读学校进行教育。

（4）涉及违反治安管理法时，则除以上措施外，交由少年法庭处理，必要时移送未成年犯管教所、社区矫正机构等。

3. 对霸凌的误解

（1）霸凌是竞争的表现，也是学校教育失败的结果。

（2）霸凌是霸道孩子自卑和不安全感的结果。

（3）打斗欺侮只是孩子之间的游戏或是彼此戏弄。

（4）只有男孩是霸凌和霸道的。

（5）打斗是孩子们正常成长的一部分。

（6）如果不过分在意，霸凌就会自动消失。

（7）对付霸凌最好的方法是回敬与报复，以牙还牙。

（8）遭霸凌的孩子有自我修复调节能力。

（9）被欺负也是人生必修课。

（10）学校霸凌只发生在小学、中学阶段，大学不存在霸凌。

宅家孩子的情绪问题怎么调节

宅家儿童常见情绪问题

凭经验，宅家久的孩子大致会出现以下几种情绪/心理状况：

（1）无聊：发呆、穷极无聊感、发脾气、纠缠父母、没法自娱自乐、穿梭于各个房间、爬床或桌子底下不出来、玩弄危险东西（如打火机、刀剪针钳、煤气炉、手电筒等）、不睡觉、不整理床铺房间、欺侮弟妹等。

（2）悲伤：长期缺乏户外运动的孩子可能会诱发悲伤、抑郁情绪，如委屈感、哭泣、提不起精神、低自尊、觉得防不住病毒了、担心得病或死亡等。

（3）烦躁不安：无端发脾气、来回不停走动、在鸡毛蒜皮事上较真、无理取闹、无法安抚、违拗对抗、招惹父母生气、拿弟妹出气等。

（4）恐惧害怕：行为退缩、不敢出门、躲进自己房间不出来、躺着不下床、入睡困难、要和父母睡在一起、怕沾染细菌病毒、不断洗手、怕如厕、有洁癖等，也可能出现躯体化症状，如头痛、腹痛、恶心、纳差、呕吐、发热、咽喉疼痛、出冷汗等。

（5）睡眠节律紊乱：入睡困难、辗转反侧、夜惊夜醒、深睡眠不足、夜间做噩梦、早醒、频繁起夜、遗尿等。

父母应该怎么办

（1）积极与孩子互动、玩耍。要积极营造家庭向上、乐观的氛围，可以定期召开家庭会议，听听孩子的想法；帮助其答疑解惑，引导其积极、欢愉的情绪。

（2）适当布置家庭成员的"家庭作业"。不但要求孩子有规律地做家庭作业，父母也应给自己制定相应的工作作为示范。避免大家无聊地各自做各自的事情，尤其是看手机、看电视，或是没有告知沟通下，父母在自己房间里只顾做自己的事情。

（3）耐心观察和了解孩子，别忽视、忽略他们。时不时问问孩子有什么事情可和爸妈讲讲，耐心听孩子的话，表示理解，不要试图越俎代庖、急着帮他解决问题，可以和孩子讲"我理解你的感受，我有时候也担心和感到无聊""你能否做做冥想，爸妈教你怎么做"，限制孩子沉迷于电子游戏或是玩手机。

（4）一起做家庭健身活动。要结合孩子的兴趣和能力，开展一些有规律的家庭健身活动，并一起动起来，欣赏孩子的活动，参与到孩子的活动中，鼓励创新游戏，体验一起健身的快乐。住处小区内安全时，也可做好防护后一起做做户外运动、多晒晒太阳。

（5）商讨建立适合的日常生活计划表，并征得孩子的同意。结合孩子特点，协商为孩子制订周计划，父母也应制订相应个人计划，然后共同执行计划的同时相互监督与鼓励。一旦计划制订，孩子仍感到无聊或是发脾气，可给他几个选择："你可以继续无聊生气下去，或按计划做些事情，爸妈相信你了解什么才是最适合你的。"

（6）要表现信任孩子。你的信任会感染孩子，让他们参与到家庭活动中，如帮父母打扫房间、洗碗筷、取快递等。

（7）鼓励家人一起聊天，回忆快乐经历。安抚心情低落或是沮丧不安的孩子，鼓励他说出不快的想法并表示理解，恰当纠正他们关于疾病与死亡的错误或幼稚的认识。父母如何处理消极情绪，孩子会有样学样，会模仿父母的情绪感受。如果孩子因恐惧死亡而感到不能自拔时，坦率地与孩子交流恐惧和担忧的心情，帮助他们寻找舒缓心情的方法，如绘画、冥想、写日记、自我暗示，鼓励孩子勇敢、一起回忆快乐时光等。

（8）建立和保障规律起居生活。父母应给孩子示范怎样按时作息，特殊阶段也可考虑与孩子们同屋不同床睡觉，千万勿颠倒生活作息时间。父母一次熬夜看电视、玩手机的示范，足可击溃与孩子一起制订的宅家生活计划。

（9）不要试图压制孩子的情绪。没完没了地说教或是打压孩子的不良情绪，不但起不到改善作用，还可能会适得其反。压制愤怒情绪确实会导致孩子沮丧、压抑和抑郁。鼓励孩子把感到难受的事情记录下来，通过家庭会议让大家找出解决问题的方法。孩子间发生冲突时，避免偏袒任何一方，了解起因、化解愤怒，避免责骂和简单处罚。当然，也没必要过度保护孩子，只要有父母正面的信心与支持，孩子的抗压能力自然会发挥出来。

（10）保持适当的朋友间沟通。可适当让孩子通过手机或电脑与同学或好友进行沟通、聊天。但事先要规定好时间限制，也要提前提醒孩子，不要相互间聊负面新闻或话题。

面对重大应激事件时如何帮助孩子平复情绪

重大应激事件对儿童心理的影响

新冠肺炎疫情的爆发，就是一次重大社会应激事件，新型冠状病毒不仅对人的生命与健康造成威胁，也给社会大众心理健康带来各种冲击，当然儿童也不例外。

问题还在于，出于防控的需要，大家都宅家里通过网络获取疫情相关信息，而应激事件下人们面临的最大挑战是，无法甄别准确有效的信息，同时各种不实信息/谣言满天飞，易使大家陷入恐慌。

儿童心理承受力弱，更容易受各种恐慌情绪感染，会出现各种心理不适与恐惧情绪，甚至引发各种躯体化症状。

从流行病历史来看，重大社会应激事件确实容易引起群体"癔症"样反应，引发所谓"流行性歇斯底里（癔症）"。这种应激反应不但容易在一般社群中流行，也容易在儿童青少年群体，如学校中爆发。

例如，1965 年 10 月，在英格兰一所女子学校里，起始有几个女生声称头晕，甚至晕倒，继而 80 多名女生相继出现同样症状，呼吸困难、抽搐、晕厥、瘫软等，被救护车紧急送往医院救护；经医生检查，未发现学生有任何生理性疾病，也非食物中毒或是感染性疾病传播，最后这些学生被判断是"群体性癔症"发作，经简单处理后都陆续康复出院。

再如，比利时 1999 年 6 月爆发一起小学生喝可口可乐后病倒，继而引发喝饮料的学生群体性"疾病"发作。美国纽约州的罗伊中学，众多学生突然出现了集体抽搐、嘴眼歪斜等症状，极似妥瑞综合征（tourette syndrome），当局检查排除了食物中毒、饮用水污染、非法药物使用、一氧化碳中毒以及环境传染病等，这也属于群体心理应激反应。

2020 年获奥斯卡奖提名的纪录片《生命超越我》（*Life Overtakes Me*）讲述了逃到瑞典的难民儿童中引发的群体"遭驱逐综合征"，他们共同表现为无助地嗜睡在床上、呼唤不起、无法动弹、无法进食和饮水、问话不答、个别出现昏迷晕厥等，也是群体心理应激反应。

从大量文献报道来看，全世界各国都有类似报道，儿童群体性癔症发作有如下共同特点：

（1）躯体没有明显的器质性病变。

（2）症状短暂而结局良好。

（3）症状迅速发作后恢复。

（4）通常发生在被隔离的群体中。

（5）群体成员普遍存在极大的焦虑与恐慌。

（6）通过目睹、听取传播、交流引发群体症状发作。

（7）一般从较大年龄较有影响力的人/人群开始，逐渐扩及低年龄人群。

（8）女性更容易受影响和诱发症状。

典型症状及诱因

儿童青少年最容易出现的症状是：

头痛、头晕、晕厥、眼花、恶心、呕吐、战栗、牙齿颤抖、胃痛或是肚子痛、腹泻、咳嗽、疲劳感、虚弱、嗜睡、过度换气、呼吸困难、咽部疼痛、胸闷、哭泣或尖叫、极度焦虑和紧张、皮肤瘙痒、皮疹、手脚麻木、视力模糊或是假性"失明"、思维混乱等，有的特别像癫痫发作，有的会出现持续性抽动症，严重时类似妥瑞综合征。似乎低年级儿童更容易出现，农村乡镇中小学、较大城市中小学容易出现，女生发生比例高于男生。

诱因方面值得强调的是：

成人的恐慌情绪极易"感染"儿童青少年，不实的传染病报道、恐怖事件、生化威胁、创伤性事件（如目睹自然灾害、逃难、恐怖袭击、集体骚乱、交通拥堵、车内长时间幽闭）、集体注射疫苗、食物中毒、煤气中毒、个别儿童癫痫发作或晕厥等容易引发恐慌而出现集体发作。

群体在幽闭空间待的时间久了也可诱发群体性癔症，如在列车、公交车或是飞机上。哥伦比亚报道，有些儿童集体玩一款"病毒游戏"后也引起集体病症发作。

应对建议

宅家家长须理性看待现实，自动过滤非正规渠道信息，避免陷入"信息陷阱"，有意无意地制造恐慌气氛。

在家里尽可能做到：

（1）避免过度追踪观看疫情新闻。父母不宜过度沉迷于手机、看电视，追看疫情新闻，并不断渲染讨论有关疫情情况，更须避免在家里渲染探讨无根据的"阴谋论"或是负面话题。

（2）保持自然的生活节奏与稳定的生活状态，如合理作息与正常饮食等。

（3）客观审视，防止吸纳过量或失实信息，不要追随和传播负面信息；正确科学认识疫情，既勿侥幸，也勿恐慌。对疫情信息不道听途说、不偏听偏信。

（4）长期保持居家环境干净整洁、疫情暴发期定时清洁消毒，平时多营造温馨和谐的家庭氛围。家庭是心灵的港湾，家庭成员间的沟通和支持非常重要。

（5）避免惰性、坚持室内适当运动，如家庭内健身活动，但应避免给邻里造成噪音等影响。运动能够改变心态，给孩子带来欢乐和信心。

（6）保持亲子间良好沟通，父母的关怀与心理支持可提升孩子的抗压能力。也可通过电话、微信等方式，与家人和亲友保持联系，相互间的鼓励与支持会增强战胜疫情的信心。

（7）学会正念思维、保持积极乐观态度，勿制造或传播家庭、微信群里的恐慌。

（8）若感到焦虑和压力，可适当释放不良情绪，如通过电话微信与同学朋友聊天、向亲人倾诉不快、观看积极乐观的电视、电影节目等。

（9）走出恐慌，恰当求助。如果心理压力较大，自我调节失效，建议及时寻求专业心理援助。也可自我学习深呼吸放松技术、冥想（正念）技术等，帮助平复情绪，缓解焦虑。

静老师说

居家时，放松训练是一项有助于缓解压力的技术，不拘形式，如练习深呼吸、冥想、瑜伽、听音乐、绘画书写、写日记、芳香疗法等。

儿童则适合通过运动、活动来分散注意力或是缓解无聊、焦虑，勿让孩子过度玩手机或是看电视。目前看来，过度依赖视频会增加儿童的不良情绪及易感度。

学校管理层、教师以及心理辅导员应掌握相关危机干预知识与适宜技术，必要时紧急提供预防危机和干预的服务、预防校园暴力、预防不实信息传播、预防学生受到应激事件的影响，在学校范围内尽可能提供多方位积极的心理行为支持等。这同样适合于中小学及大学。

特别关注那些易感胆小的学生，如若出现不适感、焦虑担心过度、有前期心理疾病（如焦虑、恐怖上学、癔症发作史、抑郁等）时应予特别关注和心理辅导，必要时可休学一段时间。

如若发生群体性心理危机事件，则需要专业人员迅速赶到现场进行危机处理，勿瞒报掩盖、勿传播扩散不实信息、勿放大事件本身，因为人们容易因恐慌而产生错觉和夸大事件。

参考文献

［1］马国荣. 冰箱母亲理论的始末［J］. 青年文学家，2012（18）.

［2］静进，刘步云. 孤独症儿童饮食行为与营养问题［J］. 中国实用儿科杂志，2011，26（3）.

［3］静进. 孤独症谱系障碍儿童饮食行为特点及与营养关联问题［J］. 教育生物学杂志，2017，5（2）.

［4］静进. 孤独症谱系障碍研究中存在的问题与争议［J］. 中国儿童保健杂志，2012，20（4）.

［5］王波. 中国内地孤独症研究30年回眸：发展、问题与对策［J］. 教育导刊，2013（4）.

［6］刘靖，马俊红，杨文. 儿童孤独症精神药物治疗研究的系统回顾［J］. 中国儿童保健杂志，2010，18（10）.

［7］黄秋平. 孤独症儿童的心理理论发展特点之信念理解能力的研究［D］. 长沙：中南大学，2013.

［8］皇甫育冰. 深度报道《"孤独"的家》［D］. 昆明：云南大学，2019.

［9］静进. 儿童沟通与学习障碍的应对策略［J］. 中国儿童保健杂志，2012，20（10）.

［10］陶然，王吉囡，黄秀琴，等. 网络成瘾的命名、定义及临床诊断标准［J］. 武警医学，2008，19（9）.

［11］沈颖，刘小梅. 儿童遗尿症的诊治进展［J］. 北京医学，2013，35（1）.

［12］静进. 儿童青少年情绪障碍及其对策［J］. 中国学校卫生，2010，31（11）.

［13］王力娟，杨文彪，杨炳钧. 分离焦虑研究述评［J］. 学前教育研究，2008（4）.

［14］静进. 儿童青少年厌学和拒绝上学的诊断与治疗［J］. 中国实用儿科杂志，2007，22（3）.

［15］静进. 儿童青少年厌学和拒绝上学现状分析［J］. 中国学校卫生，2007（10）.

［16］鲁慧峰. 影响母乳成分变化的因素分析［J］. 中国乳业，2010（11）.

［17］周剑铭. 日本育儿习俗及其文化特性研究［D］. 桂林：广西师范大学，2014.

［18］黄艳钦. 浅谈家庭教育方式与幼儿成长［J］. 才智，2012（1）.

［19］蔡凤梅. 欧亚国家生育保险制度安排及比较分析［D］. 北京：中国人民大学，2005.

［20］杨晓欣，赵金荣，李金凤. 胎教对胎儿的益处分析［J］. 临床合理用药杂志，2014，7（4）.

［21］国华. 中医养胎防病的理论与方法研究［D］. 北京：中国中医科学院，2008.

［22］冯旭东. 对校园暴力要"零容忍"［J］. 人民周刊，2016（10）.

［23］苏林雁. 同胞竞争障碍的诊治与预防［J］. 中国儿童保健杂志，2017，25（3）.

［24］静进. 儿童虐待问题不可忽视［J］. 中华儿科杂志，2004，42（1）.

［25］周宝桐. 感染、肿瘤、风湿免疫病以外的原因引起的发热［J］. 中国临床医生，2012，40（10）.

［26］马小洁. 对我国反家庭暴力立法的思考［J］. 法制博览，2014（9）.

［27］谢玲，李玫瑾. 虐待对儿童的影响及行为成因分析［J］. 中国青年社会科学，2018，37（2）.

［28］奇云，李大可. 人科动物基因组测序全部完成 大猩猩，黑猩猩和猩猩、谁与人类最亲近？［J］. 生物进化，2012（2）.

［29］唐华. 大智若愚的猪［J］. 知识就是力量，2019（1）.

［30］础德. 人的一生能交多少朋友［J］. 数学教学通讯，2012（26）.

［31］杨宁. 对童年期的本质的某些新认识［J］. 心理科学杂志，

2003，26（3）.

［32］李天碧，胡艺箫，宋词，等. 孤独症谱系障碍重复刻板行为的
测量与机制［J］. 科学通报，2018，63（15）：1438－1451.

［33］高爽，张向葵. 儿童期自恋人格的形成、发展及展望［J］. 应
用心理学，2018，24（2）.

［34］谢建立. 新形势下大学生教育管理的内容体系研究［M］. 北
京：中国水利水电出版社，2017.

［35］姜涛. 掌控幸福：积极心理学给我们的启示［M］. 北京：新华
出版社，2014.

［36］静进. 儿童左利的生物学意义及其某些神经心理特征［J］. 中
国儿童保健杂志，2006，14（2）.

［37］RUTTER M. Clinical implications of attachment concepts：retrospect
and prospect［J］. Journal of child psychology and psychiaty and allied disci-
plines. 1995，36（4）.

［38］AYRES A J. Sensory integration therapy. Sensory integration and
the child［M］. Los Angeles：Western Psy. 1979.